D1683880

GEWIDMET DER LETZTEN GENERATION UNGARISCHER PUSZTABAUERN

DIE ZWILLINGE LUKÁCS – OROSHÁZA, 1931

DIE JUNGGESELLEN
Die letzten ungarischen Pusztabauern

FOTOGRAFIEN
JÁNOS STEKOVICS

TEXT
MATTHIAS RÜB

VERLAG JÁNOS STEKOVICS
HALLE AN DER SAALE

Ich danke meinem Freund Uli Burkhardt.

(J. S.)

IM GLEICHMASS VON NATUR UND ZEIT
DAS STILLE LEBEN DER PUSZTABAUERN

Wer in Ungarn im Jahr zehn nach der Wende von 1989 über die schnurgeraden Landstraßen der Großen Tiefebene fährt, erkennt gleich, welche Geschäftszweige in der ungarischen Provinz prosperieren und welche nicht. An vielen Parkplätzen oder einfach nur am Straßenrand stehen sehr junge Mädchen und bieten die Dienste eines sehr alten Gewerbes an. Wahrscheinlich gehen die Geschäfte gut. Das Angebot ist umfassend und abwechslungsreich. Man kann sicher sein, daß dabei nichts dem Zufall überlassen wird. Welches Mädchen wann und wo zu arbeiten hat, wie man die Sicherheit der Mädchen überwacht und die Zahlungswilligkeit der Freier gewährleistet, wie man Polizeikontrollen umgeht oder Polizisten gnädig stimmt, darüber befinden die organisierten Hintermänner.

Die Öffnung der Grenzen hat zu einem gewaltigen Anstieg des Personen- und Warenverkehrs geführt, vor allem auf den Straßen. Weil wegen der Kriege im ehemaligen Jugoslawien die alten Balkanrouten, etwa der berüchtigte »autoput« von Zagreb über Belgrad nach Sofia oder Thessaloniki, blockiert waren, mußte der Transit auf die Nordroute über Ungarn und Rumänien ausweichen. Ungarn wurde so zum wichtigsten mitteleuropäischen Transitland zwischen den Wirtschaftszentren im Westen des Kontinents und den Staaten des Balkans. Damit stieg auch die Nachfrage für bezahlte Liebesdienstleistungen, und das Angebot hat mit dem Bedarf Schritt gehalten. Oder vielleicht war es auch umgekehrt. Jedenfalls scheint das Wachstum dieses Wirtschaftszweiges ungebrochen. Daran ändert auch die von Zeit zu Zeit aufwallende öffentliche Empörung über den Moralverfall im allgemeinen und den unsittlichen Straßenbetrieb im besonderen nichts.

Ein Erwerbszweig, dem es ersichtlich weniger gut geht, ist die Landwirtschaft. Vor allem kleinere Höfe und Betriebe mittlerer Größe stecken seit Jahren in der Krise. Vielerorts an den gut ausgebauten Straßen sieht man Schilder mit der Aufschrift »tanya eladó« – Hof zu verkaufen. Vieles spricht dafür, daß es um die »tanyák«, die für die ungarische Puszta charakteristischen Aussiedler- oder Einödhöfe, bald geschehen sein wird. Und damit wird auch die Lebensform des Pusztabauern, der mit seiner Familie fernab von Straße und Dorf inmitten der Tiefebene lebt, bald nur noch Erinnerung sein.

Ursprünglich bezeichnete das Wort »tanya« die provisorische Unterkunft der Pferde-, Rinder- und Schafhirten, die für die Großgrundbesitzer Dienst taten. Erst später entwickelten sich daraus die charakteristischen Einzelgehöfte der landbesitzenden Bauern mit den im Rechteck angeordneten Gebäuden Wohnhaus, Stall und Scheune. Natürlich werden nicht gleich alle diese Höfe verschwinden. Vielleicht wird mancher Einödhof, das Dach mit neuem Reet gedeckt, zum Pusztahotel für Familien- oder Reiterferien umfunktioniert. Ein anderer mag einem ruhesuchenden Budapester als Refugium auf dem Lande dienen. Aber solche Fälle dürften die Ausnahme bleiben. Die meisten Einödhöfe werden nutzlos herumstehen, abgerissen oder einfach nur zerfallen. Zu entbehrungsreich und zu eintönig ist das Leben draußen in der Puszta. Zu gering sind die Einkünfte, die auf einem zunehmend übersättigten ungarischen und europäischen Agrarmarkt erzielt werden können, als daß junge Bauernfamilien im Leben auf einer »tanya« eine sichere Zukunft für sich sähen.

Überall in Europa gibt es das »Bauernsterben«, das Ende kleiner und mittlerer Landwirtschaftsbetriebe. Zu Zeiten steigender Produktivität und sinkender Erzeugerpreise wird Ackerbau und Viehzucht erst ab einer bestimmten Betriebsgröße profitabel. Man nennt das Strukturwandel. Das Ende der Pusztabauern mag im Vergleich zu anderen europäischen Ländern kein außergewöhnlicher Vorgang sein. In der Geschichte der Ungarn aber bedeutet dies eine tiefe Zäsur. Denn das ungarische Volk wird von einem seiner Wurzelstränge abgeschnitten.

Die Landnahme der Magyaren, die vermutlich von feindlichen Reiterstämmen aus ihrer Urheimat in den Steppen am westlichen Oberlauf des Ural, dem heutigen Baschkirien, vertrieben wurden, war im wesentlichen im Jahre 896 abgeschlossen. Unter den Völkern Europas, verglichen etwa mit den Germanen und den Slawen, sind die Magyaren Spätankömmlinge. Bis heute werden die Ungarn fast mit jedem Wort, das sie in ihrem eigentümlichen Idiom sprechen, daran erinnert, daß sie zu keiner der großen europäischen Völker- und Sprachfamilien gehören. Denn die ungarische Sprache, die zugleich die einzige wissenschaftlich zuverlässige Quelle für Mutmaßungen über die Herkunft der Ungarn ist, steht in Mitteleuropa völlig vereinzelt da. Die finno-ugrische Sprachgemeinschaft mit jenem Stamm, aus dem später die Finnen hervorgehen sollten, zerfiel schon viele Jahrhunderte vor Christi Geburt. Allenfalls in der Sprachstruktur, kaum aber in der Lexik, lassen sich heute noch gewisse Gemeinsamkeiten zwischen dem Ungarischen und dem Finnischen feststellen. Die nächsten Sprachverwandten der heute knapp 15 Millionen Ungarn sind die Ob-Ugrier, ein winziges, kaum 30 000 Menschen umfassendes Volk in Sibirien. Die Ob-Ugrier verschlug es in den Wirren der Geschichte nach Osten, während die Magyaren den Weg nach Westen wählten.

Mit der Ankunft im Tiefland jenseits der schützenden Gebirgsbarriere der Karpaten kamen die Magyaren, heidnische Halbnomaden mit flinken Pferden, jedoch noch keineswegs zur Ruhe. Während der größere Teil des Volkes die fetten Böden der Ebenen beidseits der Donau zum Ackerbau und vor allem als Weideland nutzte, blieb eine Minderheit von etwa einem Fünftel der Gesamtbevölkerung dem Kriegshandwerk treu. Die für ihre Schnelligkeit und Wendigkeit gerühmten ungarischen Reiterscharen wurden von fast allen europäischen Königen als Söldnertrupps angeheuert. Aber auch auf eigene Rechnung machten sich ungarische Reiterhorden immer wieder auf den Weg. Ihre Raubzüge waren in ganz Europa berüchtigt und gefürchtet – vom Baltikum bis nach Nordwestfrankreich, von der iberischen Halbinsel bis nach Italien und Griechenland. Nach mehreren schweren Niederlagen gegen die sich allmählich wappnenden Heere der westeuropäischen, zumal der deutschen Könige kamen die Raubzüge gegen 980 zu einem Ende.

Um die Jahrtausendwende, unter den Großfürsten Géza (971–997) und dessen Sohn Stephan (997–1038), der später als »der Heilige« in die Historiographie eingehen sollte, vollzogen sich zwei für die Geschichte der Ungarn entscheidende Entwicklungen: das Ende der losen Stammesorganisation und die Übernahme des Christentums. Géza gelang der Aufbau einer bis dahin bei den Magyaren unbekannten Zentralgewalt. Er unterwarf widerspenstige Stämme oder verband sich mit ihnen durch Heirat. Mit Géza fand die Herrschaft einzelner Sippen über weite Landstriche ein Ende, auch wenn es immer wieder zu Scharmützeln mit der abgesetzten und enteigneten Lokalaristokratie kam.

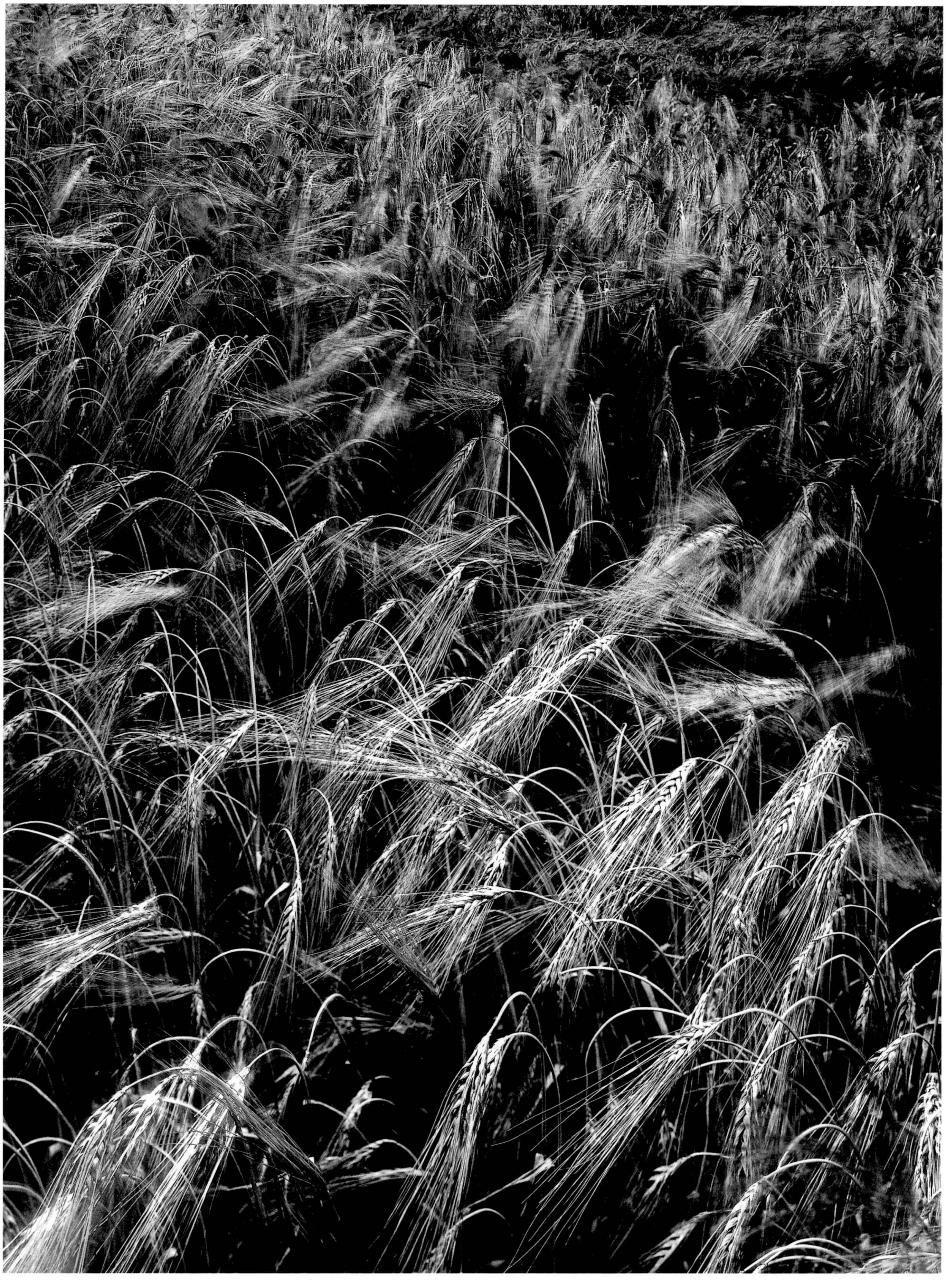

Gézas Sohn Stephan heiratete 996 Gisela, die Schwester des Bayernherzogs und späteren Kaisers Heinrich II. Man kann sicher sein, daß jeder deutsche und zumal bayerische Politiker auf Ungarnbesuch bei irgendeiner Rede die gute Gisela erwähnt. Sie ist der Beweis für die mehr als tausendjährige Verbindung der Ungarn zum Westen des europäischen Kontinents. Tatsächlich war mit dieser Heirat und vor allem mit der Übernahme des Christentums die Zugehörigkeit der Magyaren zum abendländisch-christlichen Kulturkreis besiegelt. Am zweiten Weihnachtsfeiertag des Jahres 1000 oder – da sind sich die Historiker nicht einig – am Neujahrstag 1001 setzte sich Stephan die Krone auf, die ihm von Papst Silvester II. zugesandt worden war. Bis zum Ende seiner Regentschaft versuchte König Stephan mit Erfolg, das Christentum in seinem Volk zu festigen. Weltliche und kirchliche Gewalt waren fortan untrennbar miteinander verflochten.

Mit Géza und Stephan wurden die Magyaren unumkehrbar Mitglieder der abendländisch-christlichen Völkerfamilie. Die ausgedehnten Wander- und Raubzüge kamen zum Erliegen. Sicherheit und Wohlstand wurden nicht mehr durch Raubzüge und Mobilität gewährleistet, sondern durch Seßhaftigkeit und Vorratswirtschaft. Und in diesem entscheidenden Epochensprung sollte die Puszta eine grundlegende Rolle spielen. Denn die Bewegung der Steppenvölker über die Pässe der menschenleeren Karpaten nach Westen kam um die Jahrtausendwende noch keineswegs zum Erliegen. Immer wieder mußten sich die Ungarn gegen Eindringlinge aus jener Welt wehren, die einst auch die ihre gewesen war: gegen Petschenegen, Uzen oder Kumanen. Da es nach Osten hin noch keine feste Grenzlinie gab, sondern ein Niemandsland, drangen die verschiedenen Turkvölker immer wieder bis in die Tiefebene ein. Zur Zeit der Konsolidierung nach der Landnahme im 10. Jahrhundert, während des Mongolensturms im 13. Jahrhundert sowie schließlich beim Vormarsch der osmanischen Truppen im 16. und 17. Jahrhundert bot die Puszta den Magyaren jenen Schutz, den ihnen ihr Reiterheer nicht immer gewähren konnte. Das Volk floh vor den feindlichen Kriegern aus den Dörfern und Städten in die unzugänglichen Sümpfe oder in die unübersehbaren Weiten. Auch während des vergeblichen Freiheitskampfes gegen die Habsburger in der Mitte des 19. Jahrhunderts bot die Puszta dem aufbegehrendem Volk Zuflucht.

Das historische Schicksal der Ungarn ist mit der Puszta untrennbar verbunden. Die Tiefebene im Karpatenbecken war für die Magyaren der Ort ihrer Seßhaftwerdung und Verankerung im Westen. Und zugleich war die Puszta bei äußeren Bedrohungen der Zufluchtsort, gleichsam die Versicherung gegen Gefahren aus der alten Lebenswelt.

Das Leben in der Abgeschiedenheit der Puszta bedeutete über Jahrhunderte hinweg Leben mit der Natur und von der Natur. An den Arbeitsformen und am Alltag der Menschen hat sich dabei wenig geändert. Bis weit ins 20. Jahrhundert hinein bestimmten in dem industriell kaum entwickelten Agrarstaat Ungarn feudale Strukturen die Lebens- und Produktionsbedingungen der Bauern. In Mehrheit waren die Bauern gleichsam angestellte Tagelöhner.

Erst nach dem Zweiten Weltkrieg kam es zu einer umfassenden Bodenreform. Im Frühjahr 1945 wurde der Großgrundbesitz vollständig aufgelöst. Der Grund und Boden der ehemaligen Feudalherren wurde vom Staat ohne Entschädigung beschlagnahmt. Auch die Besitzer mittlerer Betriebe verloren per Gesetz ihr Eigentum. Die ihnen zugesicherten Entschädigungen wurden faktisch nie ausbezahlt. Das verstaatlichte Acker- und Weideland wurde sodann zu Vorzugspreisen, die bei etwa einem Viertel des Marktwertes lagen, an 650 000 Kleinbauern verkauft. Einige beschlagnahmte Großgüter sowie Forstwirtschaften blieben in Staatseigentum.

Durch die Bodenreform von 1945 erfuhr die ungarische Landwirtschaft einen radikalen Wandel. Die Latifundien verschwanden, Kleinbetriebe bestimmten das Bild. Bis Mitte 1949 waren fast vier Fünftel aller landwirtschaftlichen Betriebe Kleinbetriebe mit einer Größe von höchstens sechs Hektar. Annähernd die Hälfte der Höfe verfügte über weniger als drei Hektar Land. Die ersten Nachkriegsjahre sollten zu einer kurzen Blütezeit der »tanyák« werden. Das vom Krieg zerstörte Land mußte ernährt werden, und die neuen Kleinbauern erfüllten ihre Aufgabe. Wie gut diese neue Bodenstruktur den Bedürfnissen der Landbevölkerung entgegenkam, zeigten die ersten Nachkriegswahlen vom November 1945. Dabei errang die Partei der Kleinlandwirte mit 57 Prozent der abgegebenen Stimmen die absolute Mehrheit. Die von der sowjetischen Besatzungsmacht unterstützten Kommunisten landeten mit 17 Prozent sogar noch hinter den Sozialdemokraten mit 17,4 Prozent der Stimmen.

Doch die hohe Zeit der Kleinbauern währte nur kurz. Mit klassischer »Salami-Taktik« gelang des dem nach Kräften von Moskau unterstützten Kommunistenchef Rákosi, die bürgerlichen Parteien auszuschalten und die Sozialdemokraten zur Fusion mit den Kommunisten zu zwingen. Im August 1949 wurde mit der neuen »volksdemokratischen Verfassung« die Umwandlung Ungarns in einen kommunistischen Staat unter Kuratel Moskaus besiegelt. Die neuen Richtlinien der Wirtschaftspolitik waren der Ausbau der Schwerindustrie und die Schaffung Landwirtschaftlicher Produktionsgenossenschaften (LPG) – jeweils ohne Rücksicht auf die natürlichen Gegebenheiten und auf die Bedürfnisse des Landes. Die erst wenige Jahre zuvor entstandenen Kleinbetriebe wurden zwangskollektiviert. Bis 1953 war fast ein Drittel der Ackerfläche in der Hand der LPGs. Die Folge dieser von unsinniger Ideologie geleiteten Zick-Zack-Politik war, daß die Agrarproduktion bis 1952 auf das Niveau von 1945 zurückfiel.

Während der Revolution vom Oktober 1956 löste sich die Hälfte der LPGs auf. Nach der Niederschlagung des Volksaufstandes durch sowjetische Panzer verkündete die von Moskau eingesetzte Regierung unter János Kádár zunächst eine neue Agrarpolitik. Ihre Grundsätze lauteten Freiwilligkeit, Demokratie und allmähliches Vorgehen. Es gab keine Zwangsmaßnahmen gegen jene Bauern, die während der Revolution wieder selbständig geworden waren. Stattdessen wurden die LPGs steuerlich begünstigt und auf andere Weise vom Staat unterstützt. Erst 1959, nach der Konsolidierung der Machtverhältnisse, gab es einen neuen Kollektivierungsschub. Anders als in der Nachkriegszeit behielten die Bauern, die durch mehr oder weniger sanften Druck zum Beitritt in die LPGs gezwungen wurden, ihr Eigentumsrecht an ihrem Grund und Boden. Sie erhielten sogar einen – freilich eher symbolischen – Pachtzins von der LPG, als deren Mitglieder oder Angestellte sie dafür in die staatliche Kranken- und Sozialversicherung aufgenommen wurden. Die LPGs wurden vom Staat massiv durch Investitionsgüter und Maschinen unterstützt. Ende 1961 bewirtschafteten Staatsgüter und LPGs fast 96 Prozent der Ackerfläche des Landes, während für die wenigen hartnäckigen Privatbauern nur etwas mehr als vier Prozent übriggeblieben waren. Im Frühjahr 1962 war die Kollektivierung der ungarischen Landwirtschaft abgeschlossen.

Auf paradoxe Weise kam es in den folgenden Jahren zu einer bescheidenen Blüte des Lebens auf der »tanya«. Die festgesetzten Höchstgrenzen für die Bewirtschaftung eigener Ackerfläche durch die Bauern wurden häufig überschritten. Da das Management und die Vorsitzenden der LPGs von den Mitgliedern gewählt wurden, standen diese der Eigeninitiative der Bauern nicht im Wege. Sie förderten im Gegenteil den »Nebenerwerb« der LPG-Mitglieder auf ihren eigenen Parzellen. So entwickelte sich eine Symbiose von Staatsgütern, LPGs und privaten Hofland- und Hilfswirtschaften. Der Anteil der von den Bauern auf ihrem eigenen Stück Land erwirtschafteten Güter an der landwirtschaftlichen Gesamtproduktion Ungarns wuchs stetig. Ohne die von der Landwirtschaft erzeugten Überschüsse, die vor allem in den Export gingen, hätte es den im Vergleich zu anderen Ländern Mittel- und Osteuropas ansehnlichen Wohlstand im ungarischen »Gulaschkommunismus« nicht gegeben.

Die politische Wende von 1989 brachte für die ungarischen Bauern keinen Aufbruch zu verheißungsvollen Ufern. Im Gegenteil. Seit Jahren schwelt eine schwere Agrarkrise. 1988 trug die Landwirtschaft noch 18,6 Prozent zum Bruttoinlandsprodukt Ungarns bei, fünf Jahre später waren es weniger als fünf Prozent. Die Märkte im Osten, zumal in der Sowjetunion, waren bis 1989 dankbare Abnehmer für landwirtschaftliche Massenproduktion aus Ungarn. Diese Märkte brachen ebenso plötzlich zusammen wie die gesamten Planwirtschaften jenseits des Eisernen Vorhangs.

Mit den Entschädigungsgesetzen nach den ersten freien Wahlen vom Mai 1990 wurde das einst verstaatlichte Land an die ehemaligen Eigentümer zurückgegeben. Durch die Rückgabe dieses Grund und Bodens an die Bauern hätten viele Einzelbetriebe eine Größe erreichen können, die Vollerwerbslandwirtschaft zugelassen hätte. Doch zu einer Renaissance des Lebens auf der »tanya« kam es keineswegs. Der Strukturwandel in der Landwirtschaft von den genossenschaftlichen Großbetrieben des kommunistischen Regimes zu mittelständischen privaten Bauernbetrieben fand nicht statt. Noch immer bestimmen Genossenschaften, von den einstigen LPGs in Agrarkooperativen westlichen Typs umgewandelt, mit etwa zwei Dritteln die Betriebsstruktur der Agrarproduktion Ungarns. Weniger als zehn Prozent der landwirtschaftlichen Betriebe sind private Bauernhöfe.

Bald stellte sich bei Familien, die sich mit ihren neuen Entschädigungsscheinen und dem neuen Ackerland für die Existenz als selbständige Bauern auf ihren Einödhöfen entschlossen hatten, Ernüchterung ein. Oft waren sie überfordert, denn sie mußten sich nicht nur ums Pflügen, Säen, Düngen und Ernten kümmern, sondern auch um Buchführung, Vertrieb und Vermarktung. Hinzu kamen der chronische Kapitalmangel und das Fehlen moderner Maschinen. Ohne die stützende LPG im Hintergrund, bei denen die Bauern mit garantiertem Gehalt angestellt waren und zugleich deren Maschinenpark für den lukrativen Nebenerwerb auf dem eigenen Hof benutzen konnten, standen viele Bauern auf verlorenem Posten.

Hinter all den Zahlen, hinter der Formel vom bisher nicht gelungenen Strukturwandel in der ungarischen Landwirtschaft verbirgt sich der nüchterne Befund, daß die Puszta-Bauern auf den Einödhöfen keine Zukunft mehr haben. Ihre Zeit ist abgelaufen. Die nachwachsende Generation von jungen Bauern wird andere Lebens- und Arbeitsformen suchen. Die Fotografien von János Stekovics, entstanden zwischen 1984 und 1989, sind schon jetzt historische Zeugnisse. Sie sind eine Hommage an die Menschen von Szentes und Csongrád, von Csanytelek und Bugac, von Kutasi puszta und vor allem an die Zwillinge János und István Papp Lukács in Székkutas. Und sie sind ein Abgesang auf eine Lebensform, die die Geschichte der Ungarn über Jahrhunderte hinweg geprägt hat: das Leben der Pusztabauern.

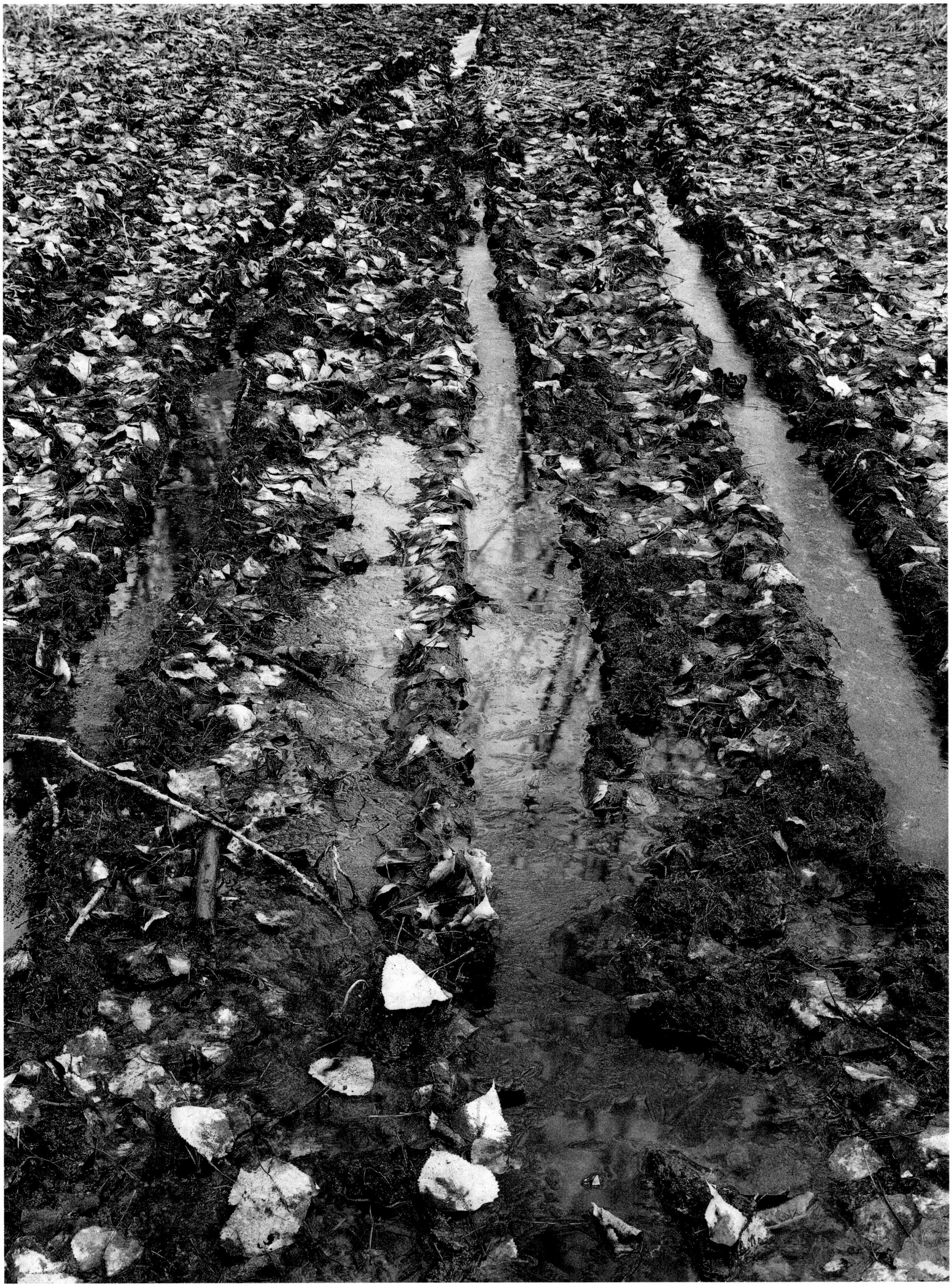

Puszta – Das öde Land

Puszta – Das öde Land

14

JAHRHUNDERTELANG SPÜRTEN DIE BAUERN DEN LAUF DER GESCHICHTE AM EIGENEN LEIB.
AM ENDE MUSSTEN SIE IMMER FÜR ALLES GERADESTEHEN. LAJOS LÁZÁR – SZÉKKUTAS, 1988

WEITE UND STILLE: PUSZTA.
WENN MAN IM
UNGARISCHEN TIEFLAND
SPAZIERENFÄHRT, SIEHT
MAN NICHTS WEITER ALS
FLACHES LAND, AB UND ZU
EIN PAAR BÄUME.
MAN MUSS SCHON ZU FUSS
GEHEN, UM ZU ERKENNEN,
AUF WELCHEM FUNDAMENT
HIER DAS LEBEN STEHT.

KUTASI PUSZTA, 1988

54 JAHRE GEMEINSAMES LEBEN AUF DEM HOF, TAG EIN, TAG AUS DIE IMMERGLEICHEN ARBEITSABLÄUFE.
DAS ERSTE FOTO IN DER SERIE ÜBER DAS LEBEN DER PUSZTABAUERN. EHEPAAR BACSÓ – KECEL, 1986

20

EIN ARBEITSREICHES LEBEN AUF DEM HOF. DAZU 35 JAHRE MITGLIEDSCHAFT IN DER LPG »LENIN«.
EHEPAAR SÁNDOR SZOLNOKI – BODZÁS, 1986

22

MIT SO VIEL MAIS KOMMT MAN SICHER DURCH DEN WINTER. DOCH TROTZ SOLCHEM VORRAT KANN MAN NICHT NUR AM WARMEN OFEN SITZEN UND DEM MÜSSIGGANG FRÖNEN. SÁNDOR SZOLNOKI – BODZÁS, 1986

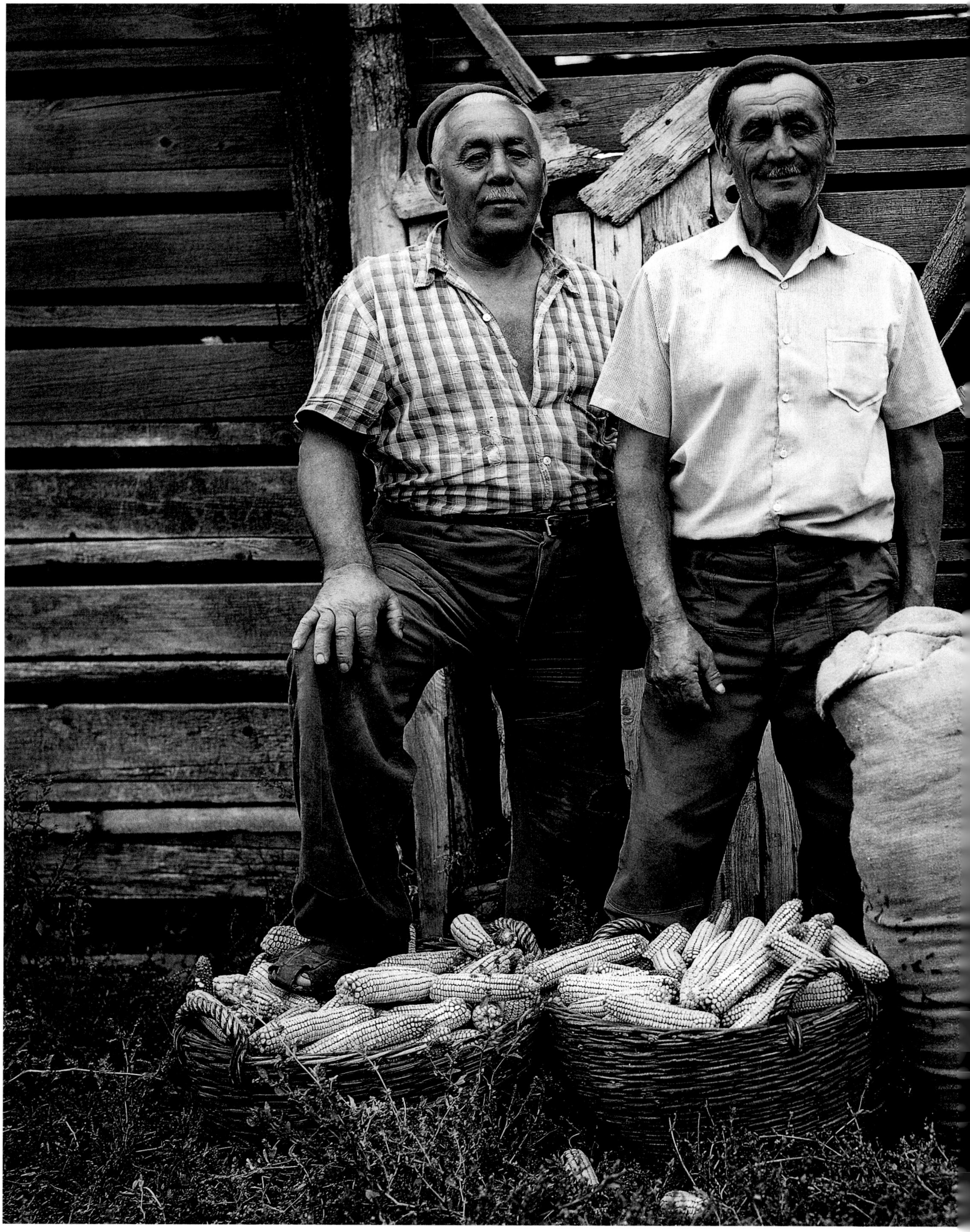

WENN IM HERBST DIE FRÜCHTE
DER ARBEIT EINES GANZEN
JAHRES EINGEBRACHT WERDEN,
HELFEN SICH DIE FAMILIEN DER
BRÜDER MOLNÁR GEGENSEITIG BEI
DER ERNTE.

LAJOS, ERNÖ UND ESZTER MOLNÁR
KUTASI PUSZTA, 1986

FOTOGRAFIEREN UND FOTOGRAFIERT WERDEN ERFORDERT EINE ART GEHEIMER ÜBEREINKUNFT.
MAN MUSS ZUHÖREN UND VERSTEHEN KÖNNEN. ERNÖ MOLNÁR – KUTASI PUSZTA, 1986

DAS LEBEN HAT SIE ÜBERLEBEN GELEHRT. NACH JAHREN WAREN DIE BAUERN WIE GESCHAFFEN FÜR DIESES LEBEN. ISTVÁN MIKLÓS, TAGELÖHNER – KUTASI PUSZTA, 1986

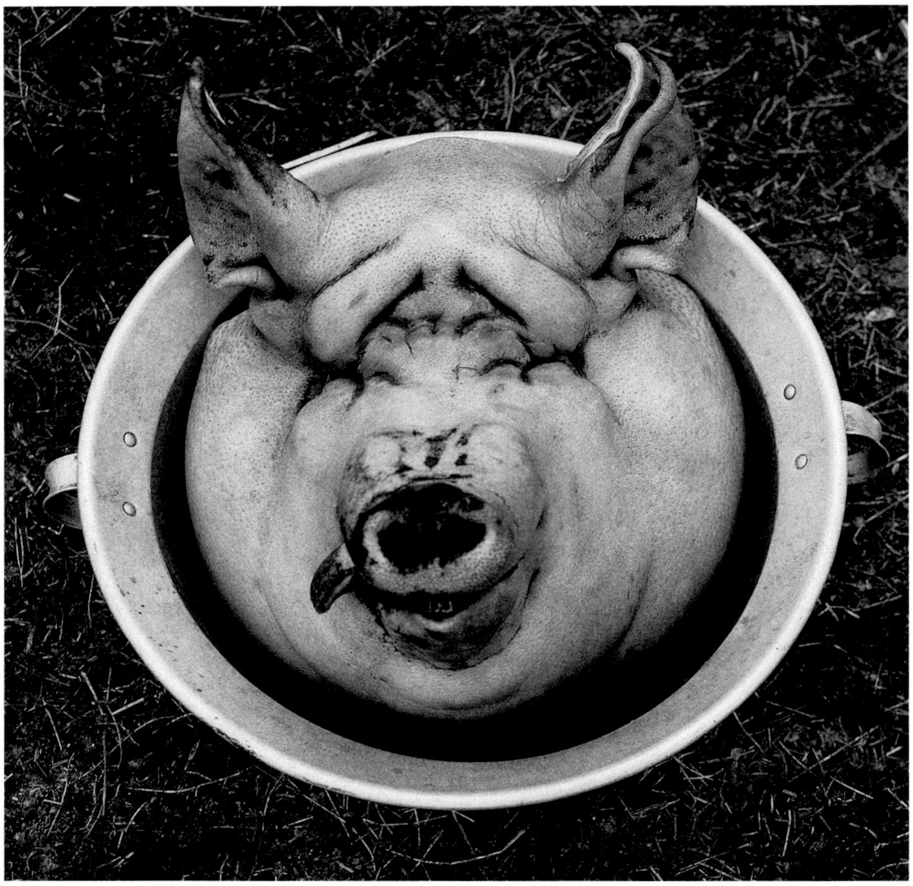

IN STILLEM PROTEST HABEN SIE GEWIRTSCHAFTET, NACHTS GESCHLACHTET, DAS FLEISCH VERGRABEN, IN ALLER HEIMLICHKEIT GERÄUCHERT UND ES SPÄTER GENAUSO VERZEHRT. SÁNDOR PÁL – KUTASI PUSZTA, 1987

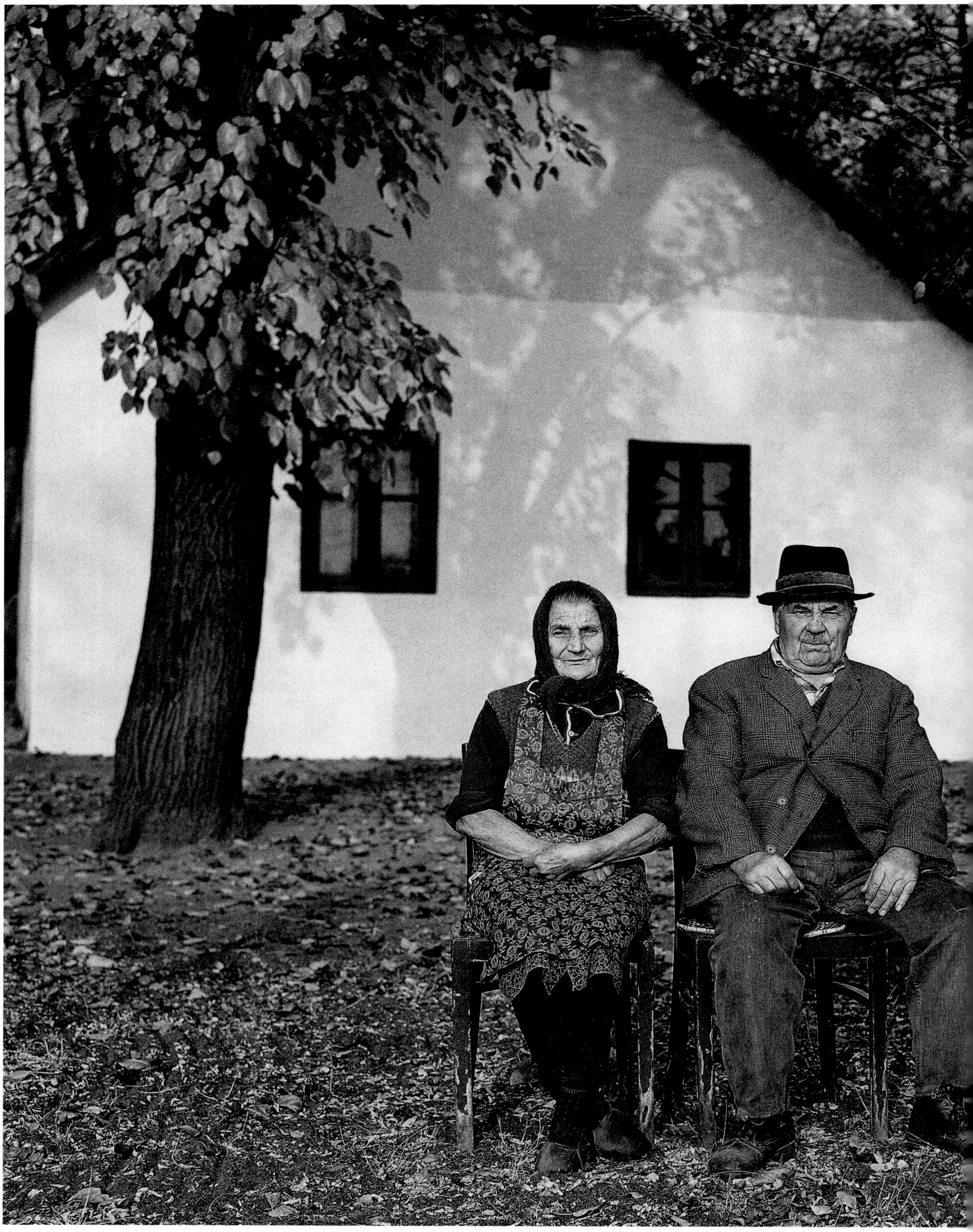

NOCH FRISCH DIE FARBE AN DEN
WÄNDEN, DIE FENSTER SAUBER.
ALLES AUFGERÄUMT UND MIT DER
PUSZTA ABGERECHNET – ÁDÁM
MESZES (84) UND SEINE FRAU
ERZSÉBET GÁRGYÁN (76) NEHMEN
ABSCHIED VON IHREM HOF – EINEN
TAG SPÄTER ZIEHEN SIE INS
ALTENHEIM IN DIE STADT.

KIGYÓS PUSZTA, 1. NOVEMBER 1986

32

IM SONNTAGSANZUG ZEIGT ER DIE PRÄCHTIGEN KRAUTKÖPFE. NACH DER BODENREFORM VON 1945 BLIEB
DEM EHEMALIGEN GROSSBAUERN NUR EIN STÜCK GARTEN. IMRE GODA – ÜLLÉS, 1986

NEBEN DEM BRAUTPAAR IST DER HOCHZEITSLADER (VÖFÉLY) DIE WICHTIGSTE PERSON BEI EINER TRAUUNG.
OHNE IHN WÜRDEN DIE GÄSTE VERHUNGERN UND VOR ALLEM – VERDURSTEN. – CSONGRÁD, 1988

SO MANCHE EHE BESIEGELTE ER NACH FÜNFZIG JAHREN SOGAR EIN ZWEITES MAL. SÁNDOR SZOLNOKI,
STANDESBEAMTER, AUF DEN HÖFEN HOCH GEACHTET. – HÓDMEZÖVÁSÁRHELY, 1988

DIE EICHE HAT SCHON SEIN GROSSVATER GEPFLANZT. DER VATER KAM VOR MEHR ALS
120 JAHREN IN EINER LEHMHÜTTE ZUR WELT. LAJOS TÓBIÁS (86) – MÁRTÉLY, 1988

»APRÓ DINNYE, RÖVID VERS,
ÖRÜLHETSZ, HA ILYET LELSZ!«

»MELONE KLEIN, UND KURZER VERS,
GLÜCKLICH, WENN DU FÜNDIG WÄR'ST«

»MELONENGEDICHT« VON IMRE CS. SZÜCS – HÓDMEZÖVÁSÁRHELY, 1988

DER BAUERNDICHTER
IMRE CS. SZÜCS – HÓDMEZŐVÁSÁRHELY, 1988

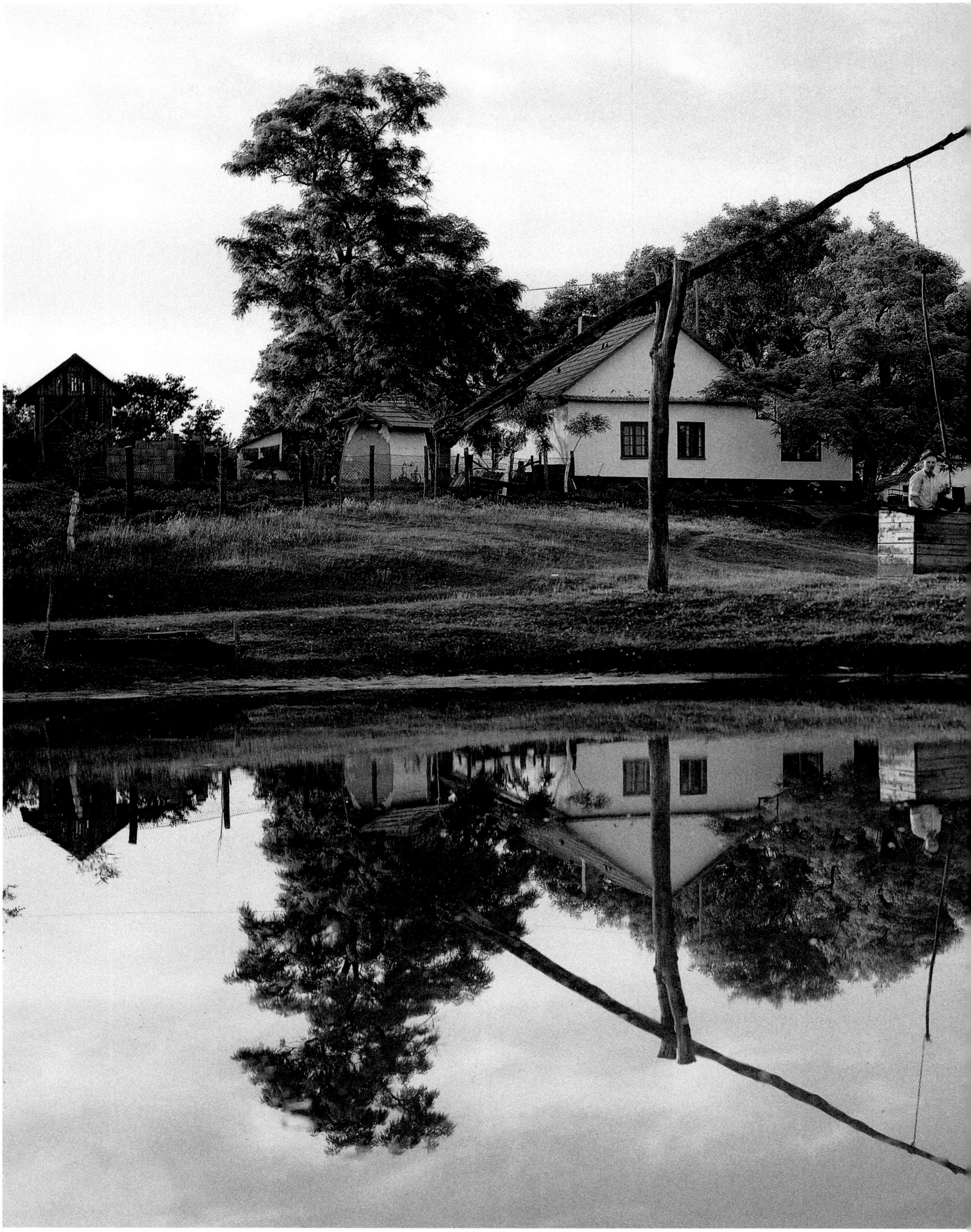

DIE ZEIT BLIEB HIER EIN
WEILCHEN STEHEN, ALS
WOLLTE SIE NICHT MEHR
WEITERGEHEN.
VIELLEICHT BLIEB AN IHR
ETWAS VON MUSSE UND
GEDULD ODER DER
URIGEN RUHE DER
MENSCHEN DER PUSZTA
HAFTEN.

KUTASI PUSZTA, 1988

42

IN WÜRDE UND EHRE LIESS ER DIE STUNDENLANGE SITZUNG BIS ZUR GELUNGENEN AUFNAHME ÜBER SICH ERGEHEN. IMRE SZECSEI, HIRTE – CSANYTELEK, 1987

EIN RICHTIGER BAUER MACHT ALLES ALLEIN, REPARIERT ODER ERFINDET SOGAR, WENN ES SEIN MUSS.
FERENC NAGYGYÖRGY – MÁRTÉLY, 1987

GUTER WEIN NACH GUTEM FANG.
DIE ZWILLINGSBRÜDER ISTVÁN UND SÁNDOR MÉSZÁROS – CSONGRÁD, 1986

DIE THEISS ERNÄHRT FISCHER, DIE AUF IHREN HÖFEN AM FLUSS ZUGLEICH DAS LEBEN VON BAUERN FÜHREN.
ISTVÁN MÉSZÁROS – CSONGRÁD, 1986

DER »ROMANBARANYI«. TAGSÜBER BAUER, NACHTS PASSIONIERTER LESER UND DICHTER.
EINE GANZE BIBLIOTHEK BIRGT SEIN HOF. JÓZSEF BARANYI – MÁRTÉLY, 1987

»DER BESENBINDER TÓTH«. SEINE BEGEHRTEN BESEN UND BÜRSTEN MACHT ER NACH DEM TAGWERK AUF DEM FELD UND BEIM VIEH. PÁL TÓTH – SZÉKKUTAS, 1988

FRAUENSCHICKSAL »KOCHLÖFFEL«. WÄHREND DIE MÄNNER SICH UM VIEH UND ÄCKER KÜMMERN,
BESORGEN DIE FRAUEN DEN HAUSHALT. ILONA PUSZTAI – MÁRTÉLY, 1987

SÁNDOR PUSZTAI – MÁRTÉLY, 1987

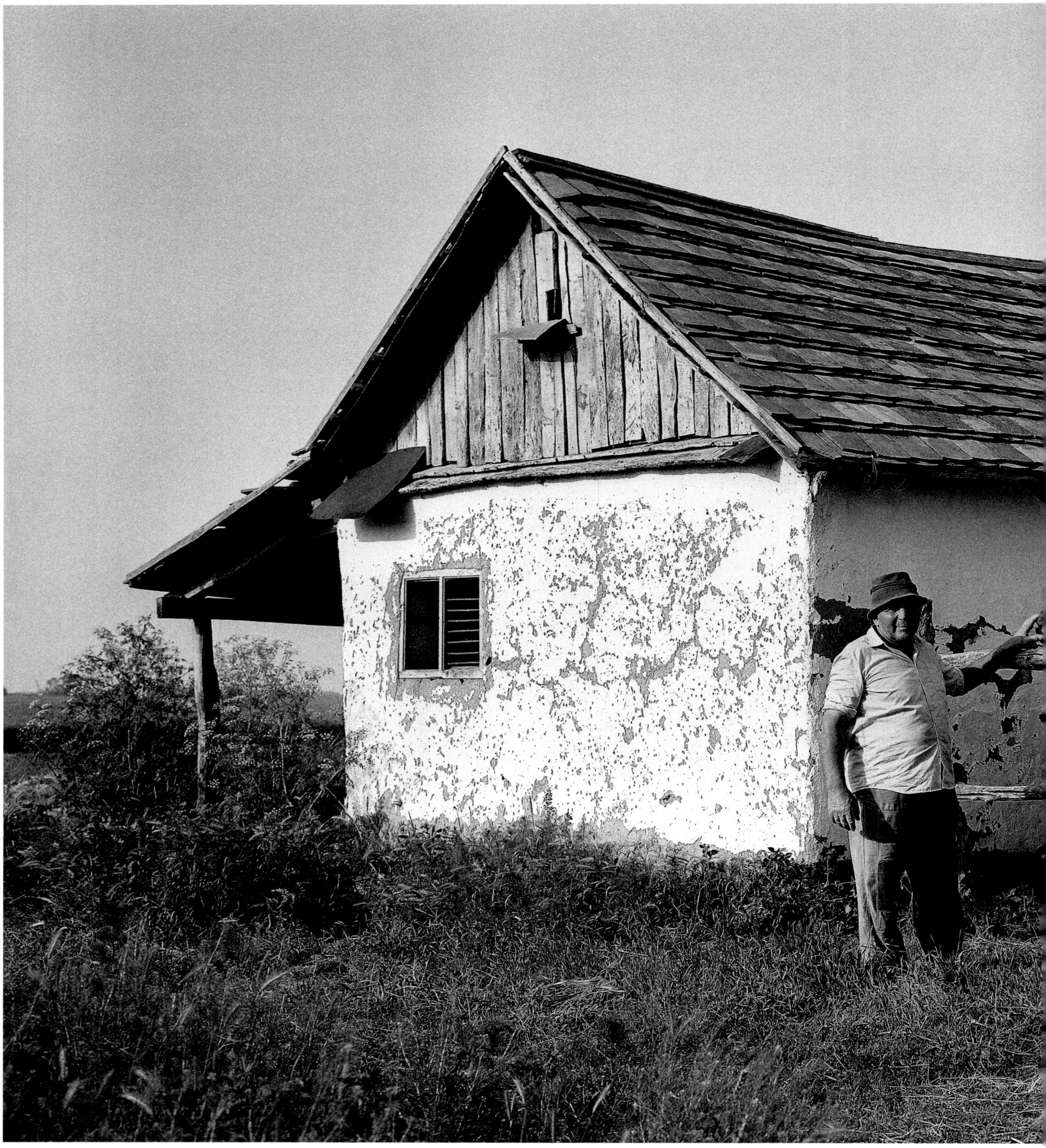

IN DER ABGESCHIEDENHEIT DER GEGEND VON MÁRTÉLY UND VOR ALLEM DES DORFES SZÉKKUTAS HAT
DAS 19. JAHRHUNDERT ÜBERDAUERT. STALL – MÁRTÉLY, 1987

DIE PUSZTA IST KEINE LANDSCHAFTLICHE URFORM, SONDERN RESULTAT GRAVIERENDER EINGRIFFE DES MENSCHEN. HOF – SZENTES, 1987

IM SPÄTHERBST SUCHT DAS VIEH DIE ERNTERESTE AUF DEM ACKER.
SÁNDOR TÓTH – SZENTES, 1987

56

DIE KINDER SIND LÄNGST FORTGEZOGEN. JETZT GEHEN SIE MIT DEM STUHL FÜR DIE KLEINEN DIE KÜHE MELKEN. VERONIKA UND JÓZSEF PATAKI – MÁRTÉLY, 1986

SYMBIOSE VON MENSCH UND TIER – UND FAHRZEUG.
SÁNDOR NAGYGYÖRGY – SZÉKKUTAS, 1987

SCHWERMUT UND AUCH MISSTRAUEN SIND VIELEN PUSZTA-BAUERN ZUR ZWEITEN NATUR GEWORDEN.
FERENC SZEKERES – SZENTES, 1987

AM RUNDEN STALL.
KUTASI PUSZTA, 1988

IN DER TIEFE DER PUSZTA FINDET MAN LEBENDE GESCHICHTE.
FERENC NAGYGYÖRGY – MÁRTÉLY, 1987

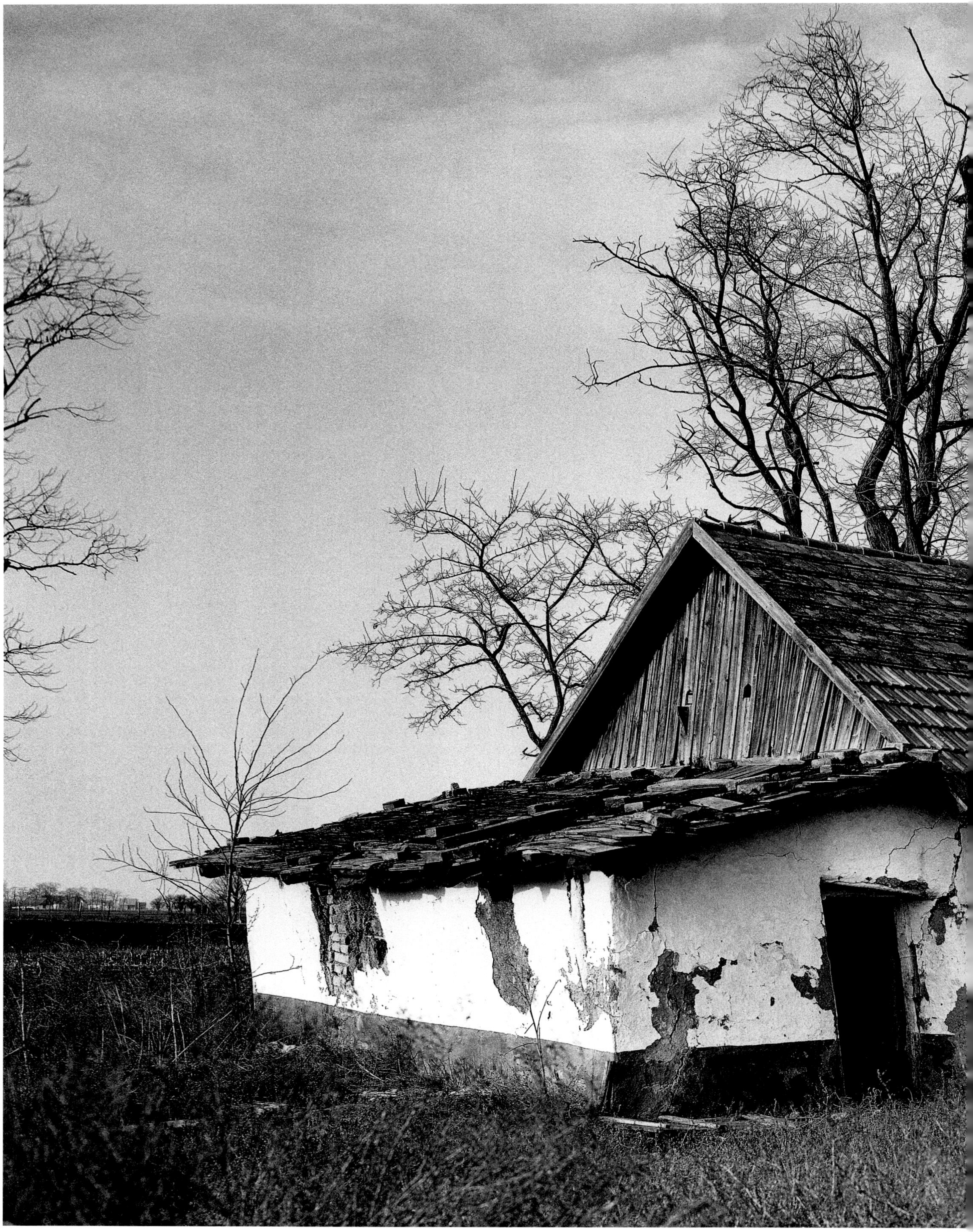

WENN DAS VIEH DEN
STALL VERLASSEN HAT
UND AUCH DIE
SCHWALBEN NICHT MEHR
KOMMEN, IST DAS
SCHICKSAL DES HOFES
BESIEGELT.

VERFALLENDER STALL –
MÁRTÉLY, 1987

SÁNDOR KULI UND JÓZSEF FEHÉR.
SCHÄFER – CSERebökény, 1987

UNBEKANNTE SCHÄFER.
SCHÄFERTREFFEN – CSEREBÖKÉNY, 1987

IN DEN AUGEN DIE ERINNERUNG AN MEHR ALS SECHZIG JAHRE LEBEN IN DER PUSZTA.
IMRE SEBÖK, SCHÄFER – SZENTES, 1987

VIELE STEHEN ABER IN DIESEM LEBEN MIT ALL IHREN SORGEN NOCH MITTENDRIN.
MIKLÓS KISS, SCHÄFER – MÁRTÉLY, 1987

KEIN GULASCH UND KEIN CSÁRDÁS.
DAS GIBT ES NUR FÜR TOURISTEN
HUNDERT KILOMETER NORDWESTLICH.

DER VERLASSENE HOF DES
LIPÓT ROKOLYA – ÜLLÉS, 1987

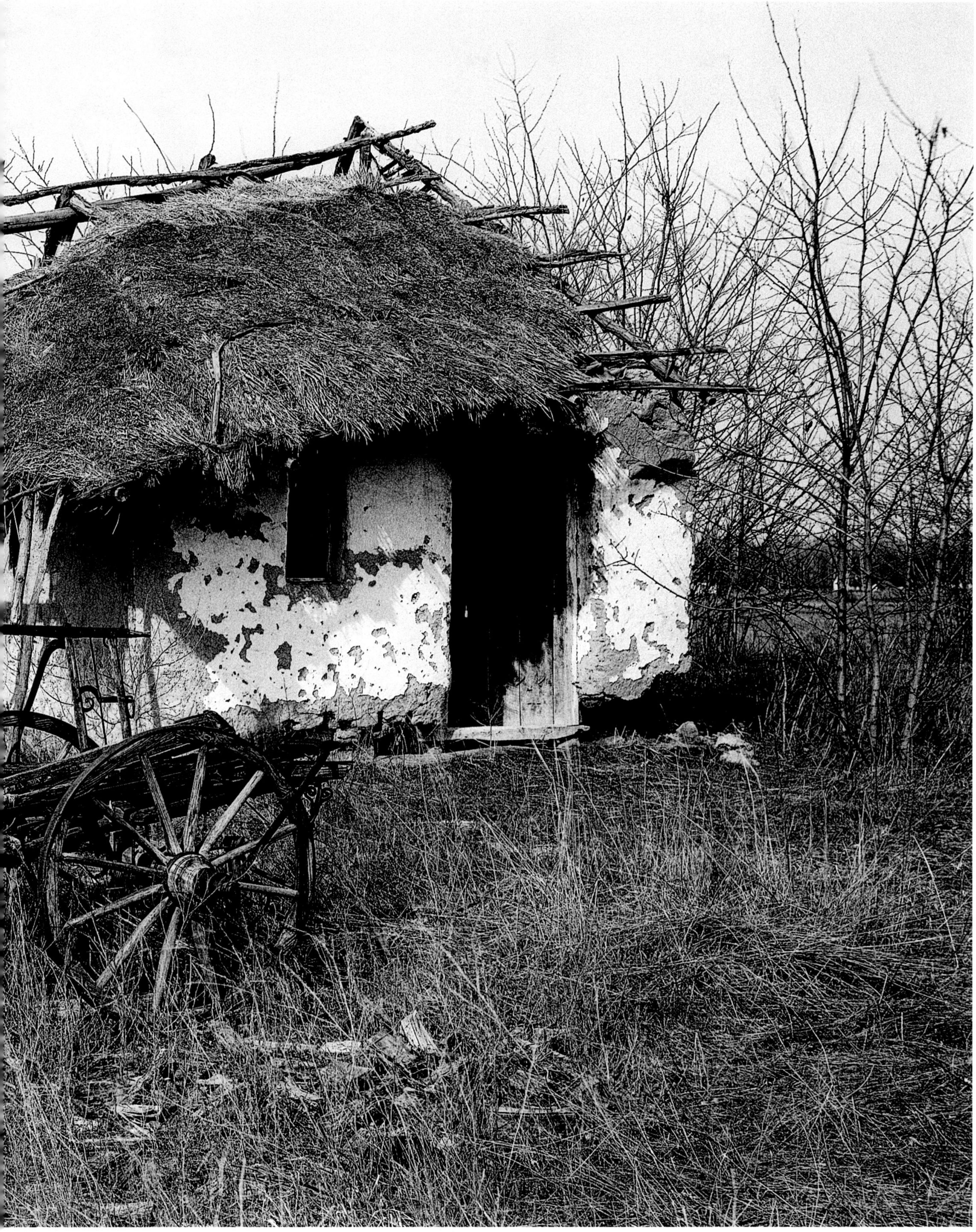

70

»DAS LEBEN WAR VOR 10 JAHREN NOCH IN ORDNUNG.« JETZT HEISST ES WIEDER: TOTALE
SELBSTVERSORGUNG. I. BÁLINT – MÁRTÉLY, 1988

72

DER »DENKSTUHL« DES FAMILIENVATERS. DA RUHT ER SICH ABENDS AUS, DA THRONT ER BEI JEDER FAMILIENFEIER, UND AUF DIESEM STUHL WIRD ER ALT. IMRE BÁLINT – MÁRTÉLY, 1988

WOHIN KEINE STRASSEN MEHR FÜHREN, DORT LEBEN DIE EINDRUCKSVOLLSTEN MENSCHEN.
LAJOS TÓBIÁS – MÁRTÉLY, 1988

WORTKARG UND AUS ERFAHRUNG MISSTRAUISCH SIND VIELE MENSCHEN DER PUSZTA.
IMRE BÁLINT – MÁRTÉLY, 1988

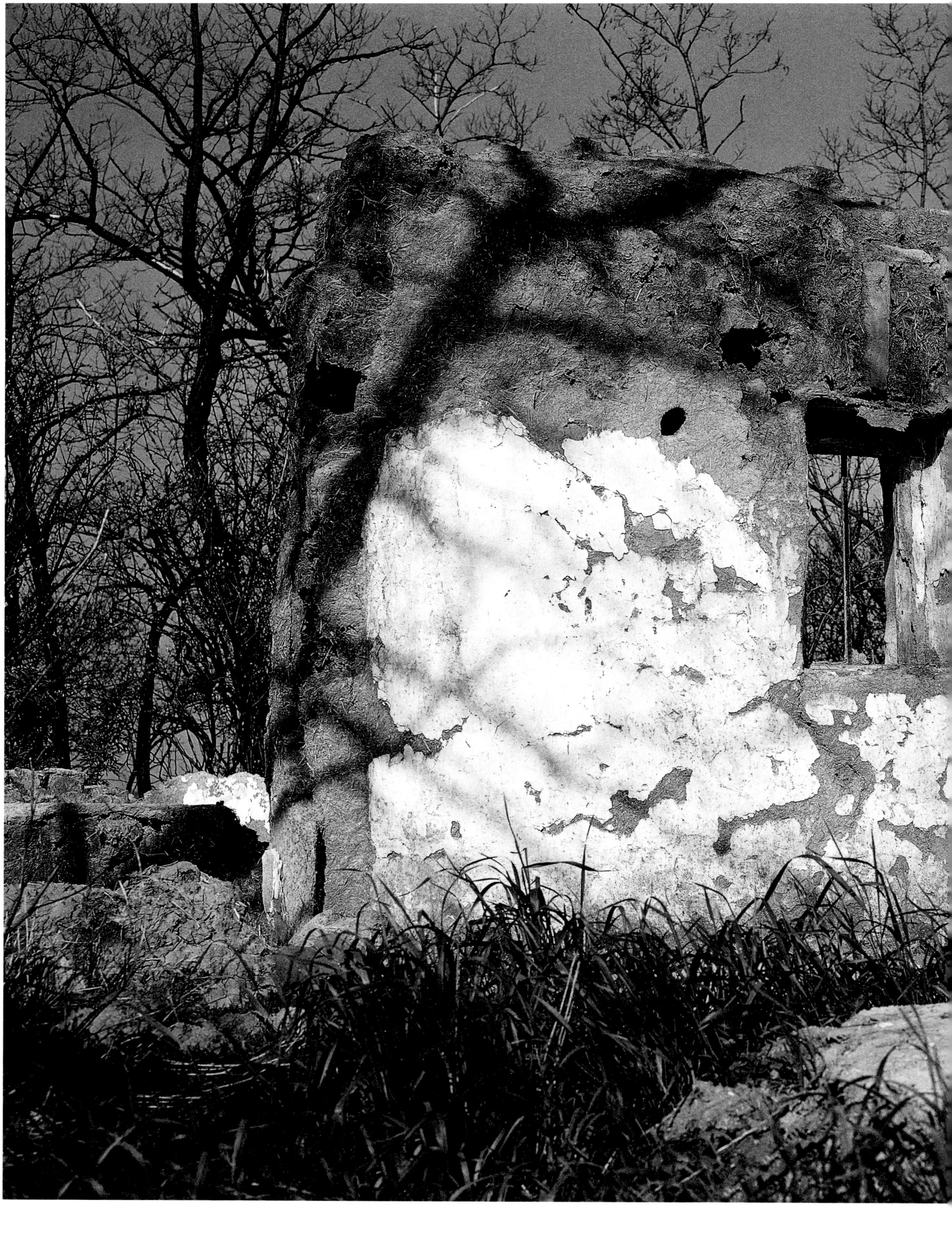

IRGENDWANN ERLEDIGT
DIE WITTERUNG DEN
REST. NOCH SO FEST
KANN DER LEHM
GESTAMPFT SEIN, OHNE
PFLEGE GEGEN REGEN,
WIND, SCHNEE UND KÄLTE
VERMAG ER NICHTS.

MÁRTÉLY, 1988

Die Junggesellen

FRÜHJAHR 1987

ABSCHIED VON DEN WURZELN
DAS STILLE STERBEN DER PUSZTABAUERN

Puszta, Paprika und Piroska heißt das Trio des ungarischen Tourismus jenseits von Plattensee und Budapest. An der berühmten Bogenbrücke von Hortobágy wird es jeden Sommer von der Fremdenverkehrsindustrie zu immer neuen Aufführungen in den immer gleichen Variationen genötigt. Draußen in der Steppe, wohin die Besucher mit Pferdekarren gefahren werden, wird vor der natürlichen Kulisse von Ziehbrunnen und Sonnenuntergang Kesselgulasch gekocht, sehr schwer und ein bißchen scharf. Dazu gibt es dann sogenannte Zigeunermusik, zu der sich die jungen Männer mit ihren Schnauzbärten und die blühenden Mädchen mit ihren fliegenden Röcken im Kreise drehen. Natürlich dürfen auch die verwegenen Reiter nicht fehlen, die ohne Sattel auf dem Rücken ihrer Pferde wilde Kunststücke vollführen.

So ungefähr sieht das Bild von der Puszta und vom Leben in der ungarischen Steppe aus, das Ungarn seinen Millionen Besuchern präsentiert. Man kann sich natürlich fragen, wer für dieses zur Dutzendfolklore verzerrte Bild die Verantwortung trägt: Ist die verkitschte Präsentation dem Geschmack des Publikums gefolgt oder hat die Selbstdarstellung erst das Bedürfnis der Besucher nach einer heilen Welt auf dem ungarischen Lande geweckt?

Wie immer man die Frage beantwortet, gewiß ist, daß es auch das wirkliche Leben wirklicher Menschen in der wirklichen Puszta gibt. Es hat freilich mit der grellen Heiterkeit der Pusztafestspiele von Hortobágy oder anderen Touristenzentren wenig zu tun. Vielmehr folgt dieses Leben dem Rhythmus der Natur. Es folgt dem Wechsel der Jahreszeiten mit den langen Tagen im Sommer und den langen Nächten im Winter. Es folgt den Erfordernissen und den Unwägbarkeiten des Wetters. Die Ebenmäßigkeit der Landschaft findet im Gleichmut und auch in der Schwermütigkeit der Menschen ihren Ausdruck. In manchen »tanyák«, den charakteristischen Einödhöfen der Tiefebene, folgt das Leben der Bauern heute kaum anderen Gesetzen und Gewohnheiten als vor hundert oder noch mehr Jahren. Geht man von den Straßen und Städten hinaus auf die Puszta, so überbrückt man, wie in einer Zeitreise, auf wenigen Kilometern den langen Weg in die Mitte des 19. Jahrhunderts. »Stumm, versonnen sitzt die Urruhe über der Flur wie ein hundertjähriger Greis in seinem Armstuhl am Herd, der die stürmischen Tage des Lebens mit stillgewordenem Herzen überdenkt.« So schrieb Sándor Petöfi, Ungarns größter Dichter und selbst ein Sproß der Puszta, im Jahre 1847 über seine geliebte Tiefebene, das »Alföld«. Gewiß, die schnurgeraden Landstraßen sind heute nicht mehr nur von Birken und Pappeln, sondern auch von Strom- und Telegrafenmasten gesäumt. Die Wanderer und Ochsenkarren aus Petöfis Tagen wurden von qualmenden Autos und Lastwagen verdrängt. Doch auch heute noch atmet das Land eine geheimnisvolle Ruhe.

Am südöstlichen Rand des »Alföld«, zwischen Hódmezövásárhely und Oroshaza, leben die Zwillinge János und István Papp Lukacs. Ihre »tanya« liegt, außer Hör- und Sichtweite von Straße und Dorf, inmitten der Puszta. Keine Straße, kein Weg führt zu ihnen hinaus. In den heißen Sommern muß man seinen Weg auf staubigen Furten zwischen Mais- und Sonnenblumenfeldern finden. Im Winter geht es querfeldein über die gefrorenen Äcker. Im Frühjahr und Herbst aber, wenn Schneeschmelze oder Regenwasser den Boden aufweichen, sind die »tanyak« schier unerreichbare Inseln in einem Meer von Schlamm.

»Jancsi bácsi« und »Pista bácsi« – was zugleich liebevoll und ehrerbietend etwa Onkel János und Onkel István heißt – haben niemals anderswo gelebt als in dem Lehmhaus, das ihre Eltern 1930 gebaut haben. Damals waren die Zwillinge fünf Jahre alt. Nur während der Soldatenzeit und der Gefangenschaft haben die Zeitläufte János und István Papp Lukács bis nach Sibirien geführt. Der Feldzug mit der ungarischen Armee nach Rußland sollte zeitlebens ihre einzige »Auslandsreise« bleiben.

Die Zwillinge Papp Lukács sind Junggesellen geblieben. Nicht, daß es zum Heiraten keine Möglichkeiten gegeben hätte, gibt Pista bácsi, der gesprächigere des Brüderpaares, zu verstehen. Dabei lächelt er wissend, und man versteht die Anspielung auf längst vergangene Verwegenheiten. Schließlich aber hat es sich einfach nicht ergeben, und so sind die Brüder bei den Eltern geblieben. Als diese gebrechlich wurden, haben die Zwillinge den Vater und die geliebte Mutter bis zu deren Tod treu versorgt und gepflegt. Seit vielen Jahren sind die Zwillingsbrüder die Nachlaßverwalter eines Erbes, das nach ihnen niemand mehr antreten wird. Und damit stehen sie beispielhaft für die ungarischen Pusztabauern schlechthin.

Heute bekommen die Brüder, die in der Silvesternacht von 1925 geboren wurden, eine kleine Rente. Doch an Geld hat es ihnen nie gefehlt – es gab kaum etwas, wofür sie es hätten ausgeben können. Denn was man zum Leben braucht, haben sie selbst hergestellt: Fleisch und Wurst, Speck und Schmalz, ein wenig Obst und Gemüse, schließlich Butter, Frischkäse und Sahne. Nur Brot, Tee und Kaffee, Salz und Gewürze und natürlich die Batterien für das Transistorradio, das auf dem Fenstersims in der Küche steht, besorgen die Brüder bei ihren Einkäufen im acht Kilometer entfernten Dorf. Vor Jahren schon haben sich die beiden einen solchen Vorrat an Zucker zugelegt, daß sie sich den Rest ihres Lebens damit versüßen können, selbst wenn sie mehr als hundert Jahre alt werden sollten. »Sehen Sie, wie billig ein Kilo damals war. Heute bezahlt man ein Vielfaches dafür!«, sagt Pista bácsi.

Das Wohnhaus, die Scheune und der Stall stehen über Eck und schirmen den Innenhof vom Wind ab, der in jeder Jahreszeit heftig über das Tiefland pfeifen kann. Ein kleiner, mit Schilf bewachsener Teich begrenzt das Gehöft auf der gegenüberliegenden Seite. Wenn an einem lauen Frühlingstag die Enten auf dem Wasser paddeln, die Brutvögel zu ihren Nestern im Schilf flattern, Katzen und Hunde in der Sonne dösen, die Kühe wiederkäuen und die Schafe leise blöken, stellt sich bald ein Gefühl tiefer Geborgenheit und vollkommener Übereinstimmung mit der Natur ein. Die Zeit steht still. Es müssen solche alltäglichen Glücksempfindungen sein, die die Menschen für das entbehrungsreiche Leben auf den Einödhöfen entschädigen.

Doch in Wahrheit steht die Zeit natürlich nicht still, und die prosaische Gegenwart mit ihren unerfreulichen Nebenerscheinungen erreicht auch die Abgeschiedenheit der Einödhöfe. Die seit der politischen Wende von 1989 stetig steigende Kriminalität spart auch die letzten Winkel der Puszta nicht aus. Im Sommer 1997 geschah, was man über Jahrzehnte hinweg nicht für möglich gehalten hatte: Es wurde eingebrochen bei den Lukács-Zwillingen. Nur daß man von einem Einbruch

DIE ZWILLINGE JÁNOS UND ISTVÁN MIT GREISEN ELTERN ROZÁLIA UND JÁNOS SR. – UND MIT HUND.
HERBST 1986

eigentlich nicht sprechen kann, denn es gab kein Schloß, das die Diebe hätten aufbrechen müssen. Den am lautesten bellenden Hund haben die Einbrecher betäubt. Dann gingen sie ins Haus und nahmen mit, was sie an Geld und Wertsachen finden konnten. Der Schaden hielt sich in Grenzen, aber der Schock sitzt tief. »Gott sei Dank haben sie das meiste Geld nicht gefunden, weil es zu gut versteckt war«, erzählt Pista bácsi. Zornig ist er, aber doch zufrieden, daß seine kluge Voraussicht weiter reichte als die Dreistigkeit der Lumpen.

Abgesehen von Erschrecknissen wie diesen sind die Zwillinge zufrieden, daß sie noch immer Tag um Tag die nötigen Arbeiten verrichten können. Aber das Alter fordert auch von den Lukács-Brüdern seinen Tribut. Jancsi bácsi mußte sich im Krankenhaus von Szeged wegen eines Grauen Stars am rechten Auge operieren lassen. Der Eingriff war ein Erfolg, aber so gut wie in jungen Jahren sieht Jancsi bácsi eben doch nicht mehr. Vor allem in der kalten Jahreszeit plagen ihn zudem die Beine. Pista bácsi klagt nicht über besondere Beschwerden, nur wird das Nickerchen nach der Mittagszeit merklich länger. Anfang der neunziger Jahre hatten die Zwillinge noch vier Pferde, sechs Rinder, darunter drei Milchkühe, fünf Schafe, 20 Schweine, 16 Gänse, 18 Hühner, schließlich vier Hunde, fünf Katzen und ein paar Enten vom Teich. Das Vieh will 365 Tage im Jahr versorgt sein, sommers wie winters, von früh bis spät. Deshalb hat Jancsi bácsi in den letzten Jahren den Bestand reduziert, hat Vieh an Bauern der Umgebung oder an den Metzger verkauft. Vor Jahren war einmal geplant, auch die »tanya« der Lukács ans öffentliche Stromnetz anzuschließen. Der von den Elektrizitätswerken geforderte Eigenanteil war seinerzeit aber so hoch, daß die beiden sich nicht dazu entschließen wollten. Wenn sich die Dunkelheit über das weite Land senkt, verströmen wie eh und je die alten Petroleumlampen in der Küche der Lukács ein bißchen Licht.

Gewiß, die Tiefebene hat manches von ihrem stillen Zauber verloren, ist nicht mehr nur »Einöde, Heide, Leere«, wie das ungarische Wort »puszta« sagt. Statt versprengter Pferde- und Schafherden, gehütet von einsamen Hirten, bestimmen heute Obstplantagen, Getreide-, Mais-, Sonnenblumen- und Paprikafelder das Bild. Von der Hauptstadt Budapest aus betrachtet öffnet sich das »Alföld« wie ein Fächer auf beiden Seiten der Donau von Südwesten bis Osten. Die Tiefebene nimmt mehr als die Hälfte des gesamten ungarischen Territoriums ein. Meistenteils wird der Boden landwirtschaftlich genutzt. In zwei Nationalparks jedoch, auf rund 52 000 Hektar bei Hortobágy im Osten des Landes und auf etwa 30 000 Hektar in Kiskunság (Kleinkumanien) südlich von Budapest, bleibt die Puszta in ihrer sozusagen klassischen Art erhalten. Keine Pflugschar dringt hier in den Boden. Kein Mähdrescher bringt dröhnend eine Ernte ein. So weit das Auge reicht nur Steppengras, das sich sanft im Wind wiegt. In freiem Auslauf gehaltene Pferde, Schafe und Graurinder weiden in der Ferne. Die Umrisse der Ziehbrunnen zeichnen sich in der endlosen Fläche ab. Mehrmals schöpfen die »csikós« und die »juhász«, die Pferde- und die Schafhirten, das Wasser in die Tröge und bringen ihre Tiere zur Tränke.

Doch auch diese von den vielen Besuchern bewunderte Gestalt der Puszta ist keine Urform, sondern Resultat gravierender Eingriffe des Menschen. Als die Magyaren im Jahr 896 ihre Landnahme im Karpatenbecken abschlossen, war die Tiefebene eine grüne Auenlandschaft, sumpfig, verschilft, bewaldet. Einen ersten Schub zur Versteppung erfuhr die Tiefebene mit dem Sturm der Mongolen. Nach ihrem entscheidenden Sieg über die Ungarn, bei Mohi im Jahre 1241, zogen sie marodierend durch das Donaubecken. Sie holzten Wälder ab, um ihren Bedarf an Brenn- und Bauholz zu decken, zerstörten und brandschatzten Dörfer, entvölkerten die Fluren. Ungarns König Béla IV. hatte noch 1238 zum Schutz vor den Mongolen etwa 40 000 Reiterkrieger der Kumanen und der Jazygen im östlichen Donaubecken angesiedelt. Noch heute erinnern die Bezeichnungen der verschiedenen Regionen der Tiefebene an die von König Béla ins Land gerufenen Völker: Das Gebiet im Osten jenseits der Theiß heißt »nagykunság«, Großkumanien; die Region weiter westlich, zwischen Donau und Theiß, wird »kiskunság«, Kleinkumanien, genannt. Diese kleinen Stämme, die später vollständig im ungarischen Volk aufgehen sollten, waren aus ihrer Heimat im nördlichen Kaukasus vertrieben worden und zogen, wie die Magyaren Jahrhunderte vor ihnen, nach Westen. Die Niederlage der Ungarn konnten aber auch Kumanen und Jazygen nicht verhindern. Dafür trugen sie nach dem Abzug der Mongolen um 1243 zum Wiederaufbau des zerstörten Landes bei. Wieder brauchte man große Mengen Holz, wieder wurden ganze Wälder geschlagen, wieder breitete sich die Steppe aus. Auch die Zerstörungen des nächsten Eroberervolkes aus dem Osten, der Osmanen während des 17. und 18. Jahrhunderts, hinterließen deutliche Spuren in der ungarischen Tiefebene.

Mitte des 19. Jahrhunderts, in Folge der extensiven Viehzucht sowie vor allem durch die Regulierung der Flüsse und die Trockenlegung der Sümpfe mittels ausgedehnter Kanalsysteme, war ein unumkehrbarer Wandel vollzogen: Ein Feuchtbiotop war zur Steppe geworden. Vorbei schienen die Zeiten, als jener Fluß, der am Tage noch sanftmütig dahinfloß, in der Nacht urplötzlich über die Ufer trat und das Flachland überflutete. »Als sei sie wahnsinnig geworden zerriß ihre Ketten / Die Theiß, in wildem Galopp über die Ebene / Durchbrach sie brüllend und brausend den Deich / Und schickte sich an, zu verschlingen die Welt.« So hatte sich Petöfi noch im Februar 1847 in seinem Gedicht »Die Theiß« an die vielen Überschwemmungen seiner Kindheit erinnert. Der Fortschritt scheint den Fluß endgültig gezähmt und in Deiche gezwängt zu haben. Heute wälzt die Theiß ihre braunen Wassermassen meist träg nach Süden, bis sie schließlich nördlich von Belgrad in die Donau mündet. Nur noch selten, in den siebziger Jahren und zuletzt im November 1998, kommt es am Oberlauf der Theiß noch zu katastrophalen Hochwassern.

Weil der Düngeschlamm der einst regelmäßigen Überschwemmungen von Donau und Theiß ausblieb, sank das Grundwasser der Tiefebene. Die Böden versalzten, stehende Gewässer und tote Flußarme trockneten aus. In der zweiten Hälfte des 19. Jahrhunderts entstand jene in Europa einzigartige Salzsteppe, wie wir sie bis heute kennen: die Puszta. Es sollte aber nicht lange dauern, bis die maßgeblich durch Menschenhand entstandene Puszta wiederum durch Menschenhand vom Verschwinden bedroht wurde. Dank Kunstdünger und maschineller Bodenbearbeitung wurden seit Beginn des 20. Jahrhunderts immer größere Flächen des einstigen Ödlandes in Ackerland umgewandelt.

Doch trotz immer neuerer »Errungenschaften« des menschlichen Fortschritts konnte die Puszta an manchen Flecken ihre vor mehr als hundert Jahren ausgeprägte Gestalt bewahren. Und in Einödhöfen wie dem der Zwillinge Papp Lukács blieben bis heute auch die Lebensformen jener vergangenen Tage erhalten. Manche Städte der Tiefebene sind im Kern die alten Straßendörfer geblieben, selbst wenn sie unter dem ungarischen »Gulaschkommunismus« mit Plattenbausiedlungen und seit der Wende zum »Gulaschkapitalismus« mit Einfamilienhäusern und Einkaufszentren für die neue Mittelschicht zu ansehnlicher Größe herangewachsen sind. Dorthin, in die aufstrebenden Städte, ziehen die jungen Leute, suchen Arbeit in einer vielleicht mit Investitionen aus dem Westen gebauten Fabrik, bei der Filiale einer Bank oder einer Versicherung, bei staatlichen oder privaten Dienstleistungsbetrieben. In den Städten ist der Tag wenigstens nicht mit dem Feierabend zu Ende. Es gibt ein bißchen Unterhaltung, ein paar Restaurants und Cafés, vielleicht ein Kino und ganz gewiß eine Disco.

Denn das Leben auf der Puszta bietet auch heute noch wenig Abwechslung, allenfalls das, was die Satellitenschüssel auf dem Dach einfängt. Der Schriftsteller Gyula Illyés, der von 1902 bis 1983 lebte, hat in einem 1936 erschienenen Buch seine Kindheit und Jugend in der Puszta geschildert. Illyés wuchs westlich der Donau auf einem kleinen Landgut auf. Noch bis in die dreißiger Jahre lebten die Bauern dort quasi als Leibeigene der Kleinadeligen. Die Bauernfamilien hausten zusammengepfercht in engen Gesindewohnungen neben Stall und Getreidespeicher, während die Herrschaft im fernen Landschlößchen ihren Reichtum verzehrte. »Die Arbeitszeit währte von Sonnenaufgang bis Einbruch der Dunkelheit mit je einer halbstündigen Pause vor- und nachmittags, einer anderthalbstündigen mittags«, schreibt Illyés. Die Bezahlung wurde von Jahr zu Jahr geringer, die Not um so größer. Doch das Volk der westlichen Puszta war laut Illyés immer »untertänig und staatstragend im wahrsten Sinne des Wortes«. Es klagte, trug aber sein Los ohne Aufbegehren.

Anders der Menschenschlag der Tiefebene östlich der Donau. Ihm bescheinigt Illyés einen trotzigen Willen zur Selbstbestimmung und die Bereitschaft zur Widersetzlichkeit. Petöfis Revolutionsgedichte sind die schönsten poetischen Zeugnisse für diese Eigenschaften. Auch Petöfi selbst focht mit Wort und Tat während der bürgerlichen Revolution von 1848 gegen die Herrschaft der Habsburger. Am 31. Juli 1849 fiel er, Offizier der ungarischen Armee und erst 26 Jahre alt, im siebenbürgischen Schäßburg, dem heutigen Sighisoara in Rumänien, in der Schlacht gegen ein übermächtiges Heer des Zaren, das den Österreichern zu Hilfe geeilt war.

Nicht anders als die Einödbauern zu Illyés' und zu Petöfis Zeiten stehen die Zwillinge Papp Lukács im Sommer um fünf Uhr früh zum ersten Melken der Kühe auf. Im Winter geschieht das zwischen fünf und halb sechs Uhr. Dann gilt es, die Kühe, Pferde, Schweine, Schafe zu füttern oder auf die Weide zu treiben. Das Stroh in den Ställen muß erneuert, das Mittagessen gekocht, Abwasch und Wäsche, kleine Reparaturen müssen gemacht werden. Auf das Tagwerk folgen die Abendnachrichten im Transistorradio, und dann ist es auch schon wieder Zeit, sich schlafen zu legen.

In den Jahren ihrer abgeschiedenen Zweisamkeit haben die eineiigen Zwillingsbrüder eine symbiotische Lebensgemeinschaft entwickelt. Pista bácsi hat die Rolle der Hausfrau übernommen, ist für Küche und Vorratshaltung zuständig. Jancsi bácsis Reich sind Stall und Hof. Im Winter, wenn es im ungeheizten Zimmer zu kalt ist, schläft Pista bácsi in der Küche, auf einer Liege gleich neben dem Holzherd, Jancsi bácsi auf einem Strohsack bei Kühen und Pferden im warmen Stall. Natürlich gehen sich die beiden, wenn es not tut, gegenseitig bei ihren Aufgaben zur Hand.

Zwillingsforscher müßten in dem Brüderpaar einen dankbaren Untersuchungsgegenstand finden. Obwohl die beiden ihr ganzes Leben lang am gleichen Ort und unter gleichen Bedingungen verbracht haben, sind sie sich im Lauf der Jahre unähnlicher geworden. Ihre Arbeit hat sie verändert. Das Leben für den Haushalt hat das Gesicht von Pista bácsi runder, seine Züge weicher werden lassen. Jancsi bácsi ist über der Arbeit mit dem Vieh hager und kantig geworden – und auch

HERBST 1988

schweigsamer als sein Bruder. Natürlich ist es Pista bácsi, der in der Stube neben der Küche die kunstvollen Stickereien der Mutter zeigt. In dem Zimmer, das die beiden kaum benutzen, stehen das Bett der Eltern, deren Kleiderschränke, eine Kommode und mehrere Kisten mit Vorräten. Fast alles in dem flachen Raum ist unberührt, konserviert wie ein kleines Familienheiligtum. Breit wölbt sich der »kemence«, der typische Rundofen, in das Zimmer. Er wird von der Küche aus geheizt und auch zum Backen und Räuchern genutzt. Der Fußboden ist, wie im ganzen Haus, gestampfter Lehm.

Die Küche ist das Reich von Pista bácsi, während Jancsi bácsi draußen die Hunde zur Ruhe ruft. In der dämmrigen Küche, in die nur durch ein winziges Fenster Licht fällt, findet sich, was nötig ist: Schrank, Tisch, Stühle, Hocker, ein Holz- und ein Gasherd. Das Trink- und Waschwasser kommt aus dem Ziehbrunnen im Hof. Wenn Besuch kommt, bietet Pista bácsi gerne seine ganz besondere Kaffeespezialität an: frisch gekochter Mokka mit unglaublich süßer Schlagsahne. Bleibt etwas von der Sahne übrig, nascht Pista bácsi gerne den Rest – freilich nicht, ohne zuvor seinem Bruder davon anzubieten, der seinerseits dankend ablehnt. In der Speisekammer finden sich die Vorräte, die man von Tag zu Tag braucht: frische und gesäuerte Milch, Butter und Sahne, Salami und Kolbász-Wurst, getrocknete Paprika, vielleicht ein Topf Sauerkraut und natürlich Brot. Auf dem Dachboden stehen sackweise Getreide und Mais, hängen Speckschwarten und Heilpflanzen, trocknen gesalzene Kürbiskerne und ein paar Kräuter. Früher standen in der Scheune zwei Motorräder, mit denen die beiden für Besorgungen ins Dorf fuhren. Doch nach einem schweren Unfall von Pista bácsi auf der Hauptstraße entschlossen sie sich, die Mopeds zu verkaufen. Geblieben sind dafür die zwei schweren schwarzen Fahrräder und ein Pferdewagen mit Anhänger.

János und István Papp Lukács wissen, daß sie die letzten einer Generation sind, die das genügsame Leben auf einer »tanya« zu führen bereit sind. Bauernkinder waren sie, als sie vor vielen Jahren an jedem Morgen kilometerweit zum nächsten größeren Hof marschierten, wo alle sechs Klassen der Grundschule in einem Raum unterrichtet wurden. Bauern sind sie geblieben, als es galt, gemeinsam mit den Eltern den Hof zu bewirtschaften. Bauern werden sie bleiben, so lange sie noch einen Fuß vor den anderen setzen können.

Doch bald werden die alten Leutchen nicht mehr mit ihren Fahrrädern über die Landstraßen kurven, um im Dorf Milch abzuliefern, ein Huhn zu verkaufen und mit dem erhaltenen Geld Paprika für das »pörkölt« (Gulasch) und Batterien fürs Radio zu kaufen. Wenn die beiden, herzlich und schwermütig, vom Leben auf und mit der Puszta erzählen, wenn man auf ihrem Hof den Geräuschen lauscht, wenn man in die flache Ferne sieht, dann entdeckt sich für Augenblicke das Geheimnis der Tiefebene. Auch Petöfi hat dieses Geheimnis in seinem Gedicht »Alföld« beschrieben, das er im Sommer 1844 im fernen Budapest zu Papier brachte: »Drunten in des Tieflands meeresflachen Weiten, / Da ist mein Zuhause, meine Welt: / Aus dem Kerker frei kommt meine Adlerseele, / Wenn die grenzenlose Ebene ich schau.« István und János, so will es die Fügung, haben am gleichen Tag Geburtstag wie Petöfi: an Silvester. Und auch des Dichters letzter Wunsch, mit dem er sein Gedicht beschließt, wird der Wunsch der Zwillinge Papp Lukács sein: »Möge hier das Totentuch sich senken über mich, / Und wölben auch der Hügel meines Grabs«.

DER LUKÁCS-HOF LIEGT ETWA VIER KILOMETER VON DER NÄCHSTEN BEFESTIGTEN STRASSE ENTFERNT. UM IHN VON OKTOBER BIS APRIL ZU ERREICHEN, BRAUCHT MAN IN JEDEM FALL GUTE STIEFEL. FRÜHJAHR 1988

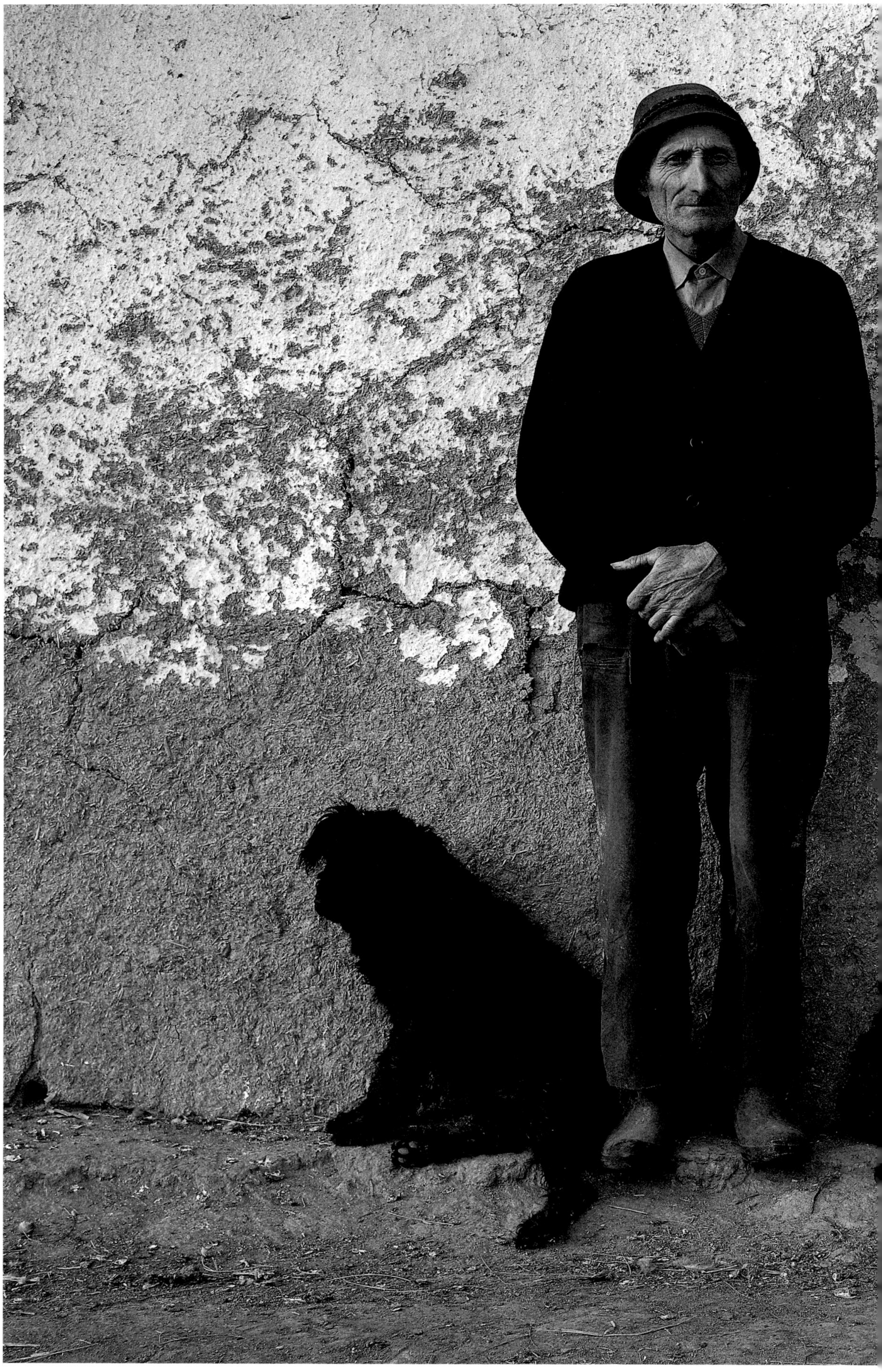

VON FLÖHEN
HAT JEDER
FÜR SICH
FREILICH
MEHR ALS
GENUG, ABER
DARAN KANN
MAN DIE
BEIDEN AUCH
NICHT UNTER-
SCHEIDEN.

HERBST 1986

92

FOTOGRAFIEREN IST EINE ZEITRAUBENDE ANGELEGENHEIT. TROTZ LÄSTIGER FLIEGEN GALT ES OFT, MINUTENLANG STILL ZU HALTEN. ROZALIA LUKÁCS – SOMMER 1987

NOCH IM HOHEN ALTER HAT DER VATER EINMAL AM TAG SEINEN KONTROLLGANG DURCH DEN HOF GEMACHT. SOMMER 1987

NIEMAND KONNTE BESSEREN SUPPENTEIG MACHEN ALS DIE MUTTER. ES WAR IHR WUNSCH, SICH BEIM TEIGROLLEN FOTOGRAFIEREN ZU LASSEN. FÜR DAS BILD SUCHT SIE IHR SONNTAGSKLEID AUS. DIE SCHÜRZE HAT SIE IM ALTER VON 16 JAHREN SELBST GENÄHT. – SOMMER 1987

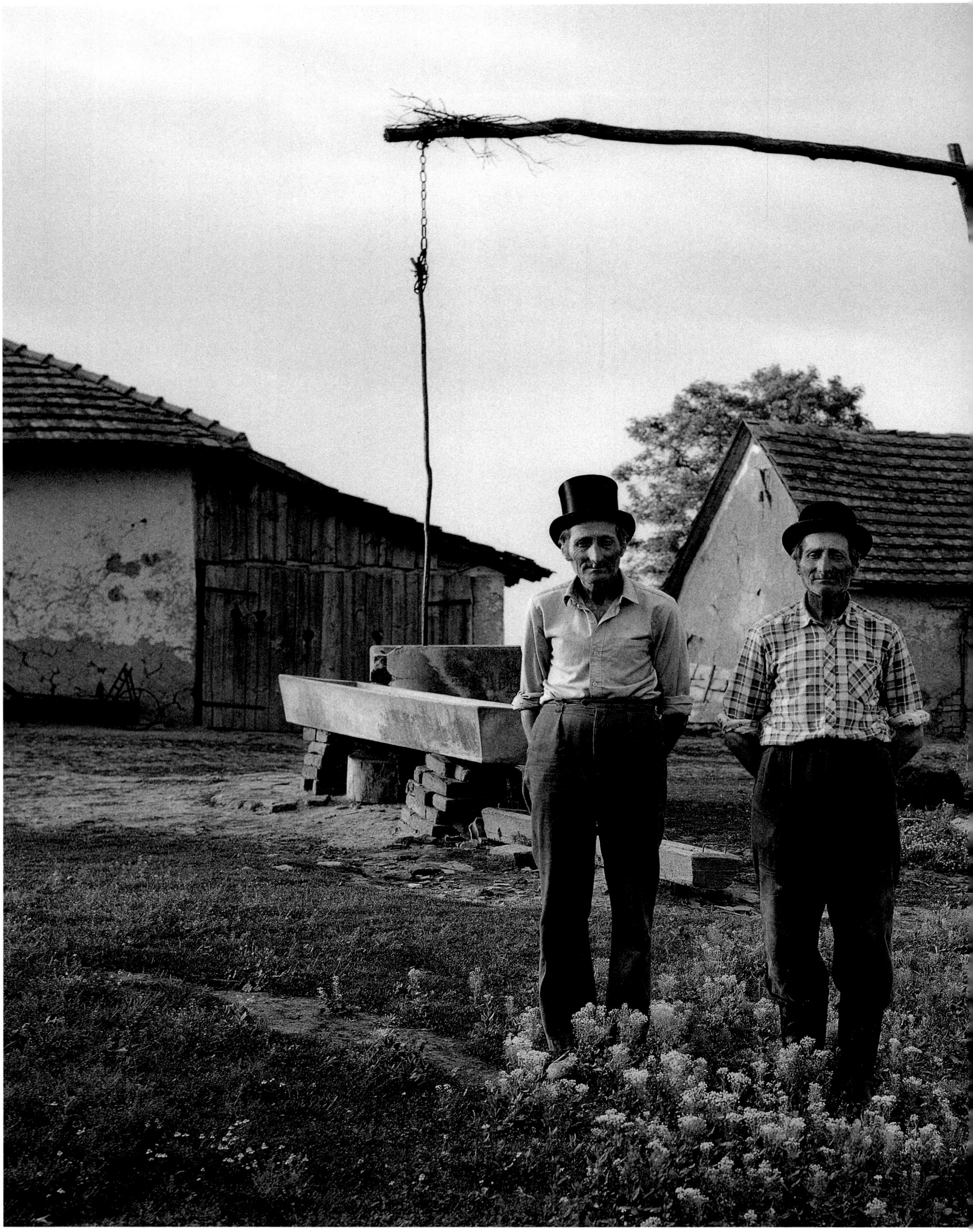

SCHON ALS KINDER WAREN
DIE ZWILLINGSBRÜDER
ISTVÁN UND JÁNOS LUKÁCS
UNZERTRENNLICH: SIE
MOLKEN ZUSAMMEN DIE
KÜHE, FUHREN ZUSAMMEN
MIT DEM FAHRRAD,
SCHAFFTEN GEMEINSAM DIE
MILCH ZUR SAMMELSTELLE –
UND SIE BLIEBEN
SCHLIESSLICH GEMEINSAM
JUNGGESELLEN.

HERBST, 1987

98

DIE PEITSCHE KOMMT NUR SELTEN ZUM EINSATZ, WEIL DAS VIEH AUF DIE ZÄRTLICHEN WORTE DER ZWILLINGE HÖRT. – SOMMER 1987

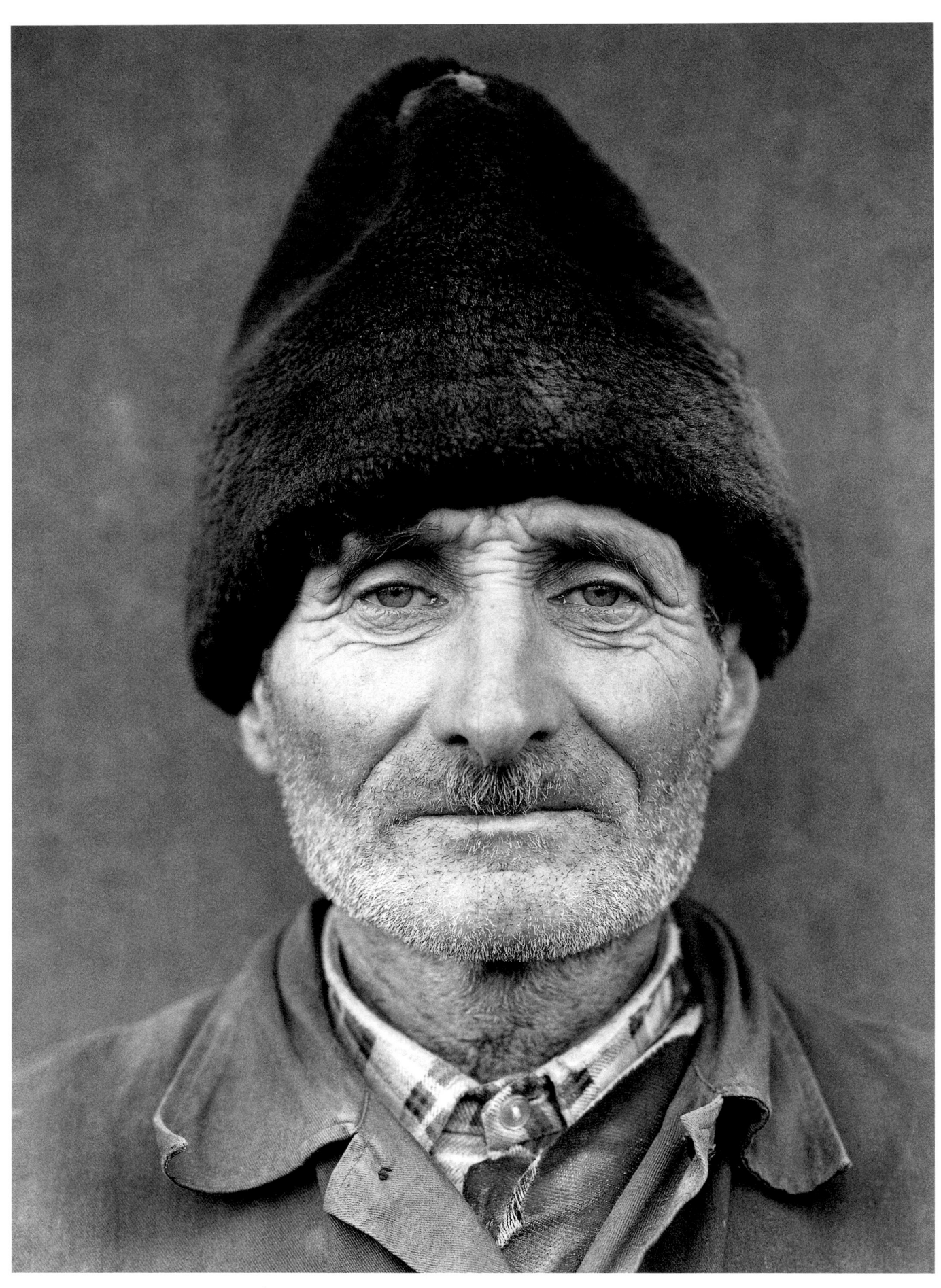

JÁNOS SCHLÄFT SEIT JE BEI DEN TIEREN IM STALL.
JÁNOS LUKÁCS JR. – HERBST 1988

DER VATER WURDE FAST NEUNZIG, IN SEINEN ALTEN TAGEN SASS ER OFT IN SEINEM »DENKSTUHL« UND REDETE WENIG. JÁNOS LUKÁCS SR. – HERBST 1986

ISTVÁN HAUST IN EINER KAMMER, DIE WIE EINE WABE AN DER AUSSENWAND DES HAUSES KLEBT.
ISTVÁN LUKÁCS – HERBST 1988

IN DEN LETZTEN LEBENSJAHREN ERWOGEN SIE, EIN HAUS IN DER STADT ZU KAUFEN, WEIL DER ARZT DOCH IN DER NÄHE SEI, BLIEBEN DANN ABER AUF DEM HOF. JÁNOS LUKÁCS SR. – HERBST 1987

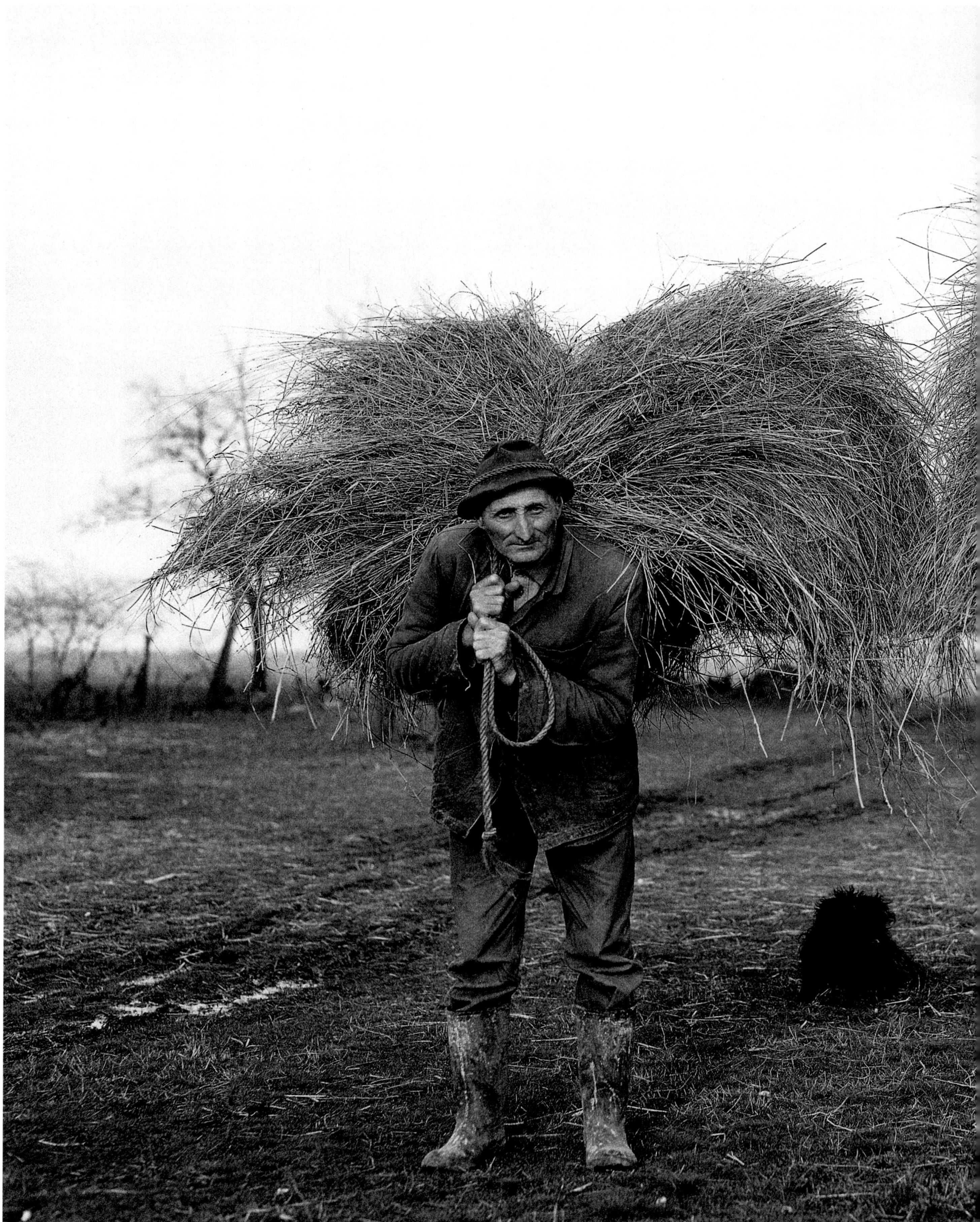

MANCHMAL FÜHLEN SIE SICH
BEIM FOTOGRAFIEREN WIE
FRÜHER, ALS DIE JUGEND
VON DEN HÖFEN IN DAS
DORF GING, UM SICH EINMAL
ALLE ZEHN JAHRE
ABLICHTEN ZU LASSEN.

HERBST 1987

106

EINE GUTE ERNTE GIBT SICHERHEIT FÜR DEN WINTER UND DAS KOMMENDE FRÜHJAHR. DIE FELDER UM DEN HOF VERSORGEN DAS VIEH IN DER KALTEN JAHRESZEIT. OKTOBER 1987

JÁNOS UND ISTVÁN MIT IHREM EIGENEN BRUNNEN.
SOMMER 1987

JÁNOS HATTE GLÜCK IM UNGLÜCK, ALS EIN LASTZUG AUF SEIN FUHRWERK AUFFUHR UND ER DIE PFERDE NUR MIT MÜHE WIEDER ZUM HALTEN BRACHTE. ER SELBST BLIEB UNVERLETZT. SOMMER 1987

110

DIE ZWILLINGE HABEN AUF IHREM HOF VIELES IN DOPPELTER AUSFÜHRUNG:
ZWEI MOPEDS ZUM BEISPIEL, MARKE »SIMSON«. – SOMMER 1987

ZEUGEN VERGANGENER ZEITEN. VOR JAHRZEHNTEN RITTEN SIE OFT MIT IHREN PFERDEN ZUM VIEHMARKT ODER ZUM SOMMERNACHTSBALL NACH OROSHÁZA. – SOMMER 1987

IRGENDWANN HIESS ES: UMSATTELN. SEIT ALTEN TAGEN TUN DIE DRAHTESEL IHREN DIENST – IN DER STADT UND AUF DEN WEIDEN. – HERBST 1986

DAS KÜHLE SAUBERE WASSER DES BRUNNENS ERFRISCHT MENSCH UND TIER, SOMMERS WIE WINTERS. –
SOMMER 1987

DIE SCHAFWOLLMÄNTEL WÄRMTEN SIE IM WINTER SOGAR BEI MINUS 30 GRAD AUF DER KUTSCHE.
SEIT ZEHN JAHREN HÄNGEN SIE ALLERDINGS IN DER KAMMER. – HERBST 1987

JÁNOS UND ISTVÁN SIND DIE LETZTEN, DIE DAS GENÜGSAME LEBEN AUF DEM KLEINEN HOF ZU FÜHREN BEREIT SIND. – SOMMER 1987

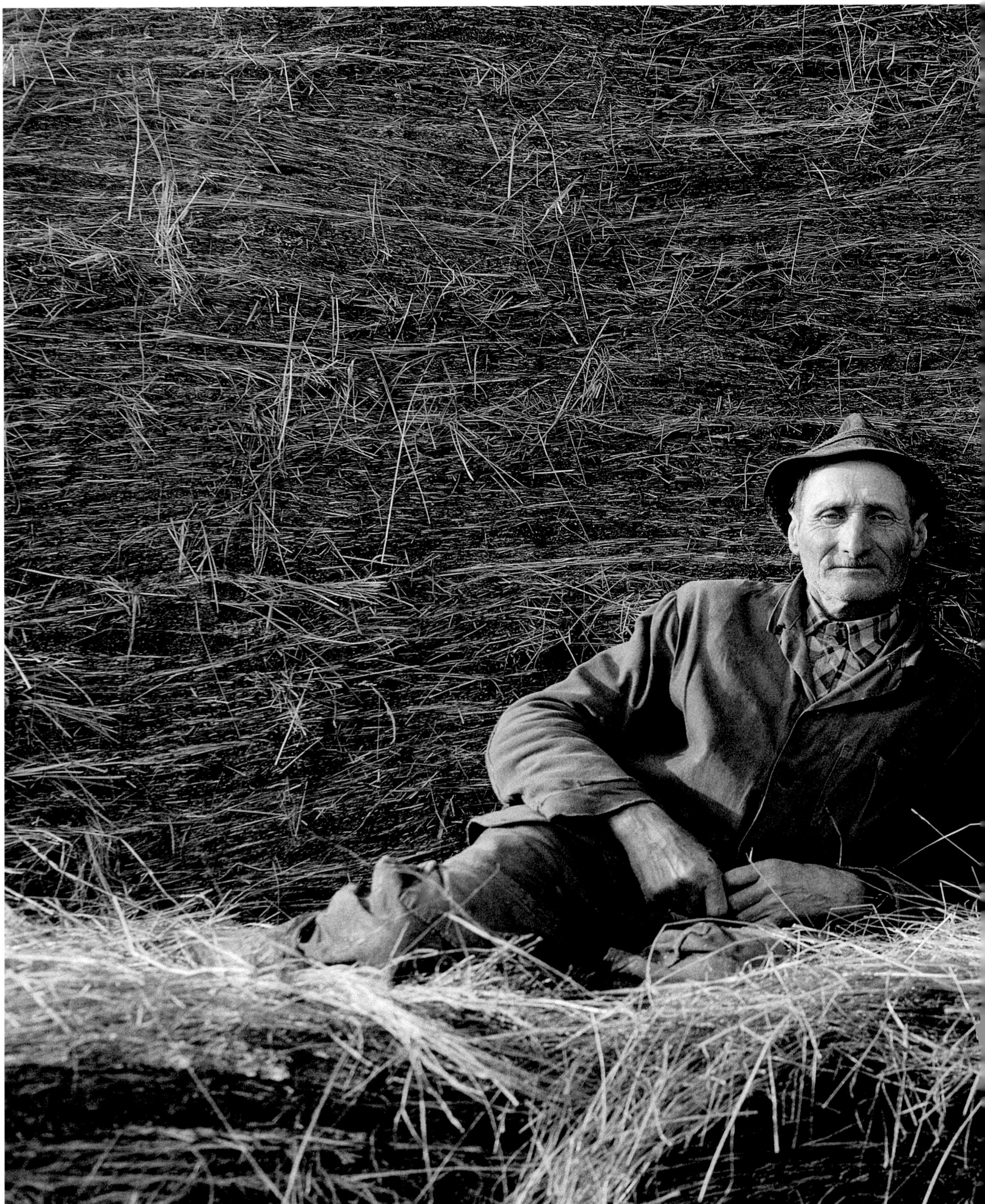

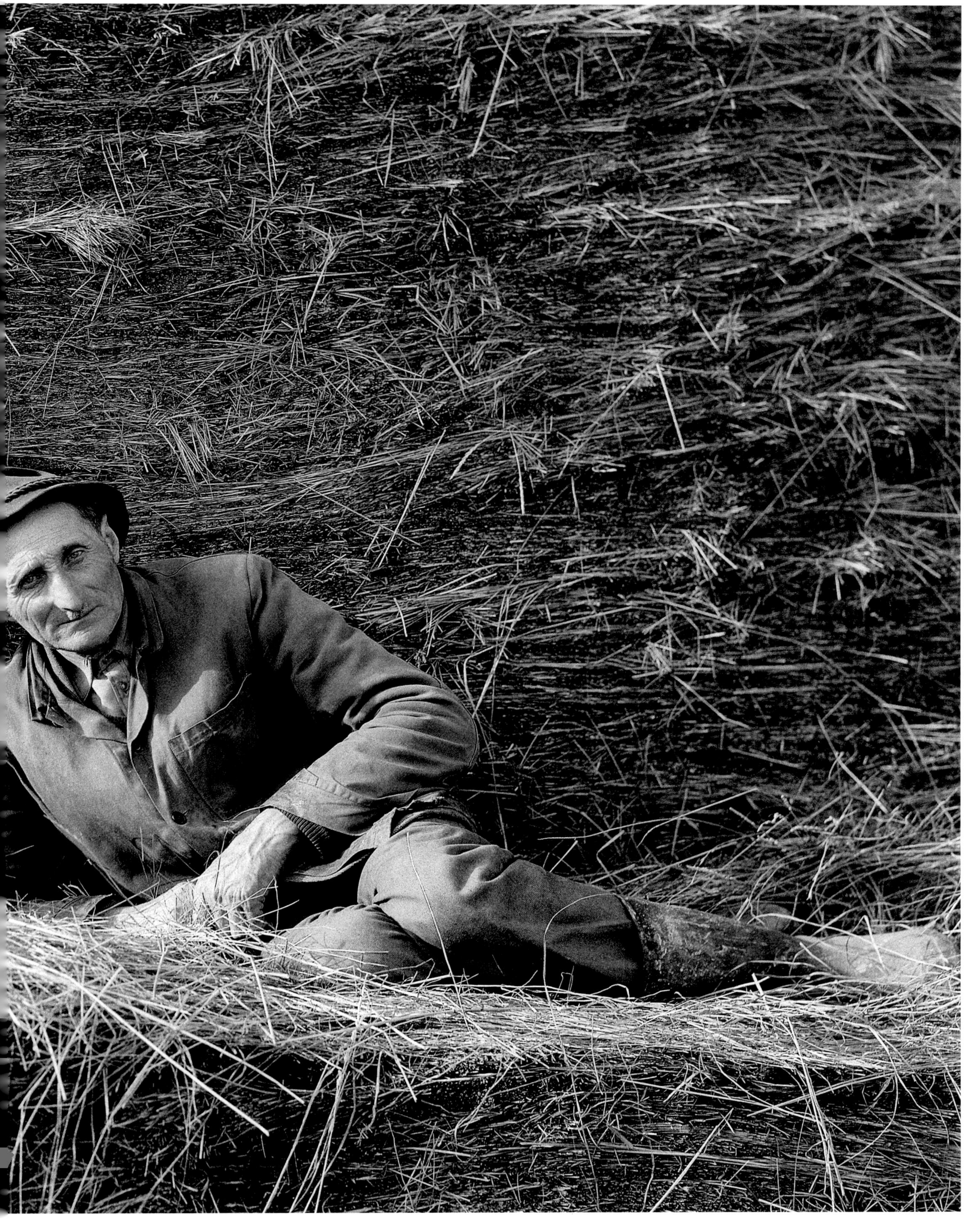

SIE SIND GLÜCKLICH MIT IHREN KÜHEN, HÜHNERN, PFERDEN, SCHAFEN UND SCHWEINEN. DAZU HABEN
SIE EINEN HAUFEN GÄNSE, ENTEN, HUNDE UND KATZEN. – SOMMER 1988

SIE ARBEITEN TÄGLICH VIERZEHN BIS SECHZEHN STUNDEN, DIE PFERDE SIND IHR EINZIGES HOBBY.
UND DIESE KÖNNEN SICH WAHRHAFT SEHEN LASSEN. – SOMMER 1988

KATZEN- UND ANDERE TIERKINDER ERFAHREN AUF DEM HOF DER JUNGGESELLEN EINE
BESONDERE ZUNEIGUNG. – FRÜHJAHR 1987

SIE WURDEN IN DER SILVESTERNACHT 1925 IN DER UNGARISCHEN PUSZTA IN EINEM ALTEN LEHMHAUS
GEBOREN. GEBURTSTAG – SILVESTER 1988

ISTVÁN UND JÁNOS LUKÁCS
WOLLEN DEN HOF NICHT MEHR
AUFGEBEN. FÜREINANDER ZU
LEBEN, WAR FÜR SIE IMMER
EINE NOTWENDIGKEIT.
SIE MÖCHTEN JETZT ERST
RECHT NICHT MEHR WEG AUS
DER ZWEISAMKEIT IHRES
EINÖDHOFES.

JANUAR 1989

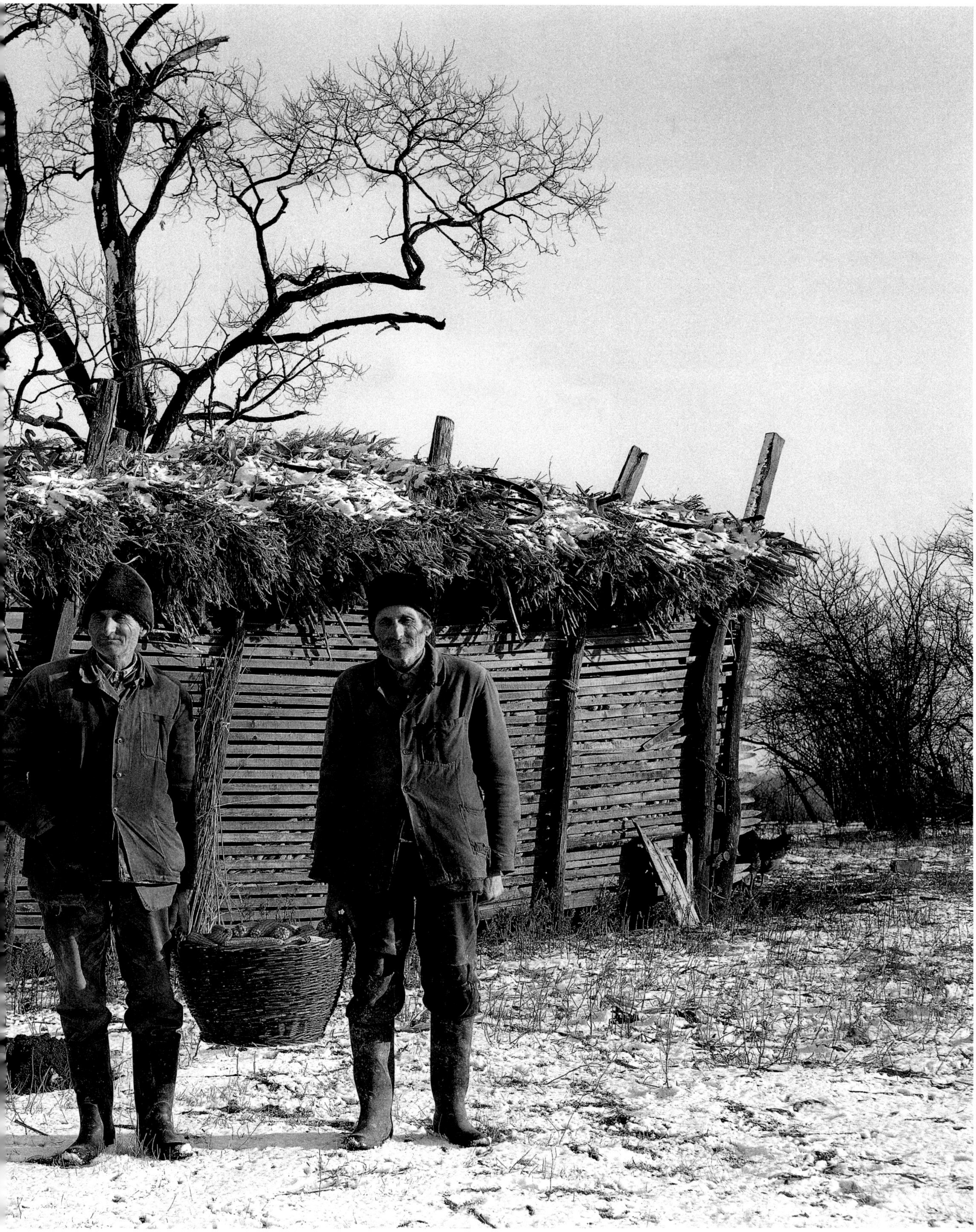

126

DENN IST NICHT IHR GANZES LEBEN EIN EREIGNIS, EIN EREIGNIS, DAS WIR AM
ENDE DES ZWANZIGSTEN JAHRHUNDERTS KAUM MEHR ANDERSWO SO ERLEBEN KÖNNEN?

Die Deutsche Bibliothek - CIP-Einheitsaufnahme

Die Junggesellen : Die letzten ungarischen Pusztabauern / Fotogr. János Stekovics. Text Matthias Rüb. -
Halle an der Saale : Stekovics, 1999
ISBN 3-929330-97-0

Konzept, Realisierung, Lithografie, Typografie, Layout, Einband und Bildunterschriften
János Stekovics

Abbildungen auf dem Schutzumschlag
Titel: Die Zwillingsbrüder Lukács, Kutasi puszta, Sommer, 1987
Rückseite: Der Hirte András Szecsei im Sonntagsanzug, Csanytelek, 1987
Foto Matthias Rüb: Wolfgang Eilmes (Frankfurter Allgemeine Zeitung)

Frontispiz
Die Zwillinge Lukács, Orosháza, ca. 1931 (Fotograf: Szemenyei)

Druck
Druck- und Verlagshaus Erfurt seit 1848 GmbH, Erfurt

Buchbinderische Verarbeitung
Kunst- und Verlagsbuchbinderei GmbH, Leipzig

© 1999, Verlag János Stekovics, Halle an der Saale

Nachdruck, vollständige oder auszugsweise Reproduktion, gleich in welcher Form
(Fotokopie, Mikrofilm, Speicherung in elektronische Systeme, CD-ROM
oder durch andere Verfahren), Vervielfältigung, Weitergabe von Vervielfältigungen
sind ausschließlich nur mit schriftlicher Genehmigung des Verlages gestattet.

Printed in Germany

ISBN 3-929330-97-0